シリーズ「遺跡を学ぶ」

110

# 諏訪湖底の狩人たち

## 曽根遺跡

三上徹也

新泉社

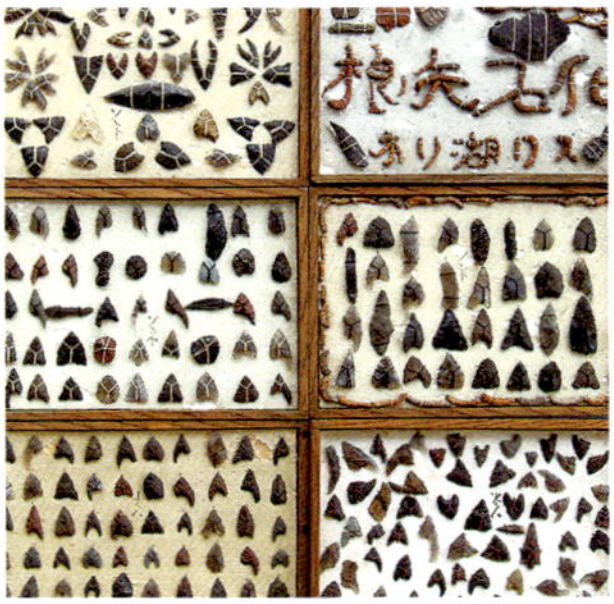

# 諏訪湖底の狩人たち
## —曽根遺跡—

三上徹也

【目次】

編集委員
勅使河原彰（代表）
小野　昭
小野　正敏
石川日出志
小澤　毅
佐々木憲一

装　幀　新谷雅宣
本文図版　松澤利絵

# 第1章　諏訪湖の輝く宝

## 1　日本列島一美しい石鏃

### 石鏃の光と魔力

「蔵の天窓を開けてみると、その赤や黒やみどりの宝石は、キラキラと輝き、よくみると、その中には、乱反射する、そして訴えるような未知の光があった。私はそれに釘づけになった。なんという不思議な石だろう」

これは、生涯を在野の考古学者として奮闘し、ロマン溢れる文章で多くの人びとを考古学の世界にいざなった藤森栄一が、小学校に入学したころ（一九一八年〈大正七〉）の思い出を記した文章の一節である（『旧石器の狩人』学生社、一九六五年）。

藤森の生家は長野県・諏訪湖畔の上諏訪駅近くで本屋を営んでいた。その店先で、諏訪湖底から引きあげた色とりどりの石鏃《せきぞく》をボール紙にくくりつけて「諏訪みやげ」として売っていた。

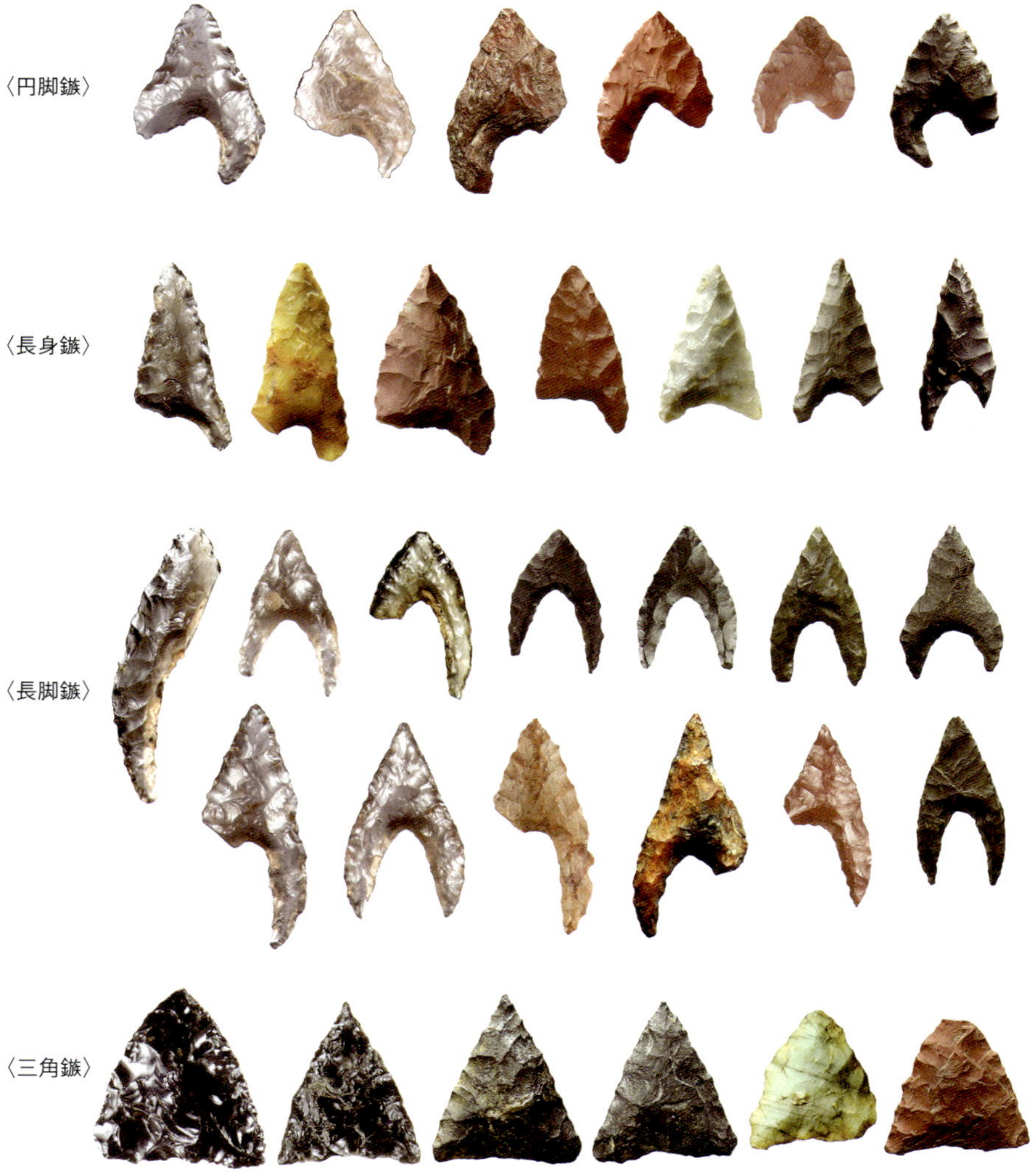


**図１ ● 曽根遺跡出土の石鏃の例**
形の優美さとともに、多彩な美しい石材に心ときめく。漆黒あるいは半透明の黒系は黒耀石、灰色は頁岩、赤や緑はチャート。いずれも鋭利な刃をつくるのに適した石材だ（左上端：長さ2.2cm）。

藤森が蔵の中でみつけたのは、しまい込んであった「諏訪みやげ」の売れ残りであった。藤森は、この石鏃の美しさにとりつかれ、考古学への道にのめり込んだという。

考古学者・藤森栄一の誕生の契機となった石鏃の、その魔力を秘めたような光と美しさをまず目に焼きつけていただきたい。

**図1**は、諏訪湖中から採集した膨大な数の石鏃の中から、ごく一部を選んでならべたものである。一番上の段のものは脚が円《まる》く曲がっていることから「円脚鏃《えんきゃくぞく》」とよび、二段目は本体の身の部分が長いことから「長身鏃《ちょうしんぞく》」とよび、三段目は脚が長いことから「長脚鏃《ちょうきゃくぞく》」とよび、一番下の段は三角形をしているので「三角鏃《さんかくぞく》」とよんでいる。

長脚鏃と円脚鏃は二股に分かれた脚の長さが目につくが、全体には整美な形をしていて、これがいまから一万年以上も前に作られたものなのか、この精緻な加工が獲物を撃ち殺す道具として必要な加工技術であったのか、現代の美術工芸品なのではないかとみまがうほどだ。

材質は、大半が火山ガラスともいうべき黒耀石《こくようせき》だが、黒耀石の中でも白い透明のもの、紫がかった半透明のもの、そして漆黒のものなど多彩な質のものを使用し、それに加えて緻密で硬く鮮やかな赤色や緑色のチャートが、姿の美しさに色どりを加えている。三角鏃は大半を漆黒の黒耀石で作っていることから、石材に対する強い思いを読みとることができる。

こうした多彩多様な美しい石鏃が、湖底からキラキラ輝く光を放ちながら引きあげられる。想像しただけでも心ときめくことである。

## 列島で最大級の数

この美しい石鏃が出土する場所は、曽根《そね》遺跡（または諏訪湖底曽根遺跡）とよばれている。約一万年前の縄文時代草創期を中心とする時代の遺跡である。最近は列島各地でさかんに発掘調査がおこなわれ、曽根遺跡と同時代の遺跡も多数発掘されている。その中には、このような美しい長脚の石鏃が一、二点、多くて数点出土したところもいくつかあるが、曽根遺跡のように多量に出土する遺跡は、いまのところどこにもないといってよい。

それならば曽根遺跡でいったいどのくらいの石鏃がいままでに採集されたのか。かつて藤森がみずから採集して一九六〇年代に報告した数は一五一四点。その後、あらためて剥片・破片のすべてをひっくり返して検証し、さらに二〇〇点に近い石鏃を発見し一六八四点となった。加えて現在、藤森資料以外で所

表１●曽根遺跡出土の石鏃点数とその所蔵先

| 所蔵 | 石鏃点数 | 寄贈など |
|---|---|---|
| 藤森栄一資料 | 1684 | 現在、諏訪市博物館に寄贈。 |
| 東京大学総合研究博物館 | 224 | 坪井正五郎調査資料を中心に、発見時の石鏃２点も含む。 |
| 江戸東京たてもの園 | 39 | 採集者は不明。館登録は 30 点。9 点を追加確認。 |
| 東京国立博物館 | 110 | 小平雪人採集分 56 点、野中完一採集分 54 点。当初、二条家の銅駝坊陳列館収蔵品で、その後東京国立博物館へ寄贈。 |
| 国立民族学博物館 | 57 | 渋澤敬三採集資料。 |
| 関西大学博物館 | 4 | 本山彦一収集資料。ほかに尖頭器２点。 |
| 増澤寅之助資料 | 620 | 現在、下諏訪町博物館所蔵資料105点（ただし現在１点所在不明）を含む。増澤淳郎氏所蔵品は、諏訪市博物館に寄贈。 |
| 保科五無斎岩石標本資料 | 7 | 長野県立の以下の各高校と松本市山と自然博物館に所蔵。木曽青峰高校（２点）・蓼科高校・松本蟻ヶ崎高校・松本深志高校・飯田高校。 |
| 旧「片倉郷土館」収蔵資料 | 42 | 現在、諏訪市博物館に寄贈。 |
| 両角新治採集資料 | 97 | 現在、諏訪市博物館に寄贈。 |
| 井上郷太郎収集資料 | 17 | 現在、八王子郷土資料館に寄贈。 |
| 宮坂光昭所蔵資料 | 90 | 長谷川茂実採集資料を譲り受けた宮坂光昭が、諏訪市博物館に寄贈。 |
| 京都大学博物館 | 3 | 「江見忠功収集　1916 年購入」と記録あり。 |
| 東北大学文学部考古学研究室 | 12 | 芹沢長介採集資料。 |
| 合計 | 3006 | |

在を確認できた数も含めると三〇〇六点（**表1**）。かつて「諏訪みやげ」として売られ、海外にまで運ばれたと伝えられたものもあり、実数は万をはるかに超えることはまちがいなかろう。

## 2　諏訪湖底の謎

### 湖底曽根遺跡の風景

曽根遺跡は、日本列島（本州島）のへその位置にあたる長野県の諏訪湖の湖中にある。諏訪湖は周囲約一六キロ、国内第一六位の広さの湖で、周辺一帯は狭い土地ながら、諏訪市・下諏訪町・岡谷市・茅野市など比較的人口が密集した都市がとりかこんでいる。

諏訪湖面の標高は七五九メートルと高所で寒冷地ながら、旧石器時代・縄文時代から多くの人びとが生活の痕跡を残し、歴史時代になって以後も、列島人類古相の信仰をいまに伝えるといわれる諏訪大社の祭祀などをはじめ、豊かな人間の歴史を刻んできた地域である。

諏訪盆地ともいわれるこの大地は、中心に諏訪湖をおいて、その背後の霧ヶ峰や八ヶ岳などの深い山々には、曽根遺跡でみつかった美しい多量の石鏃の原料である黒耀石をはじめ多様な天然資源が豊富にあり、山の幸、川の恵みをあわせて、人びとの生活を支えてきた。また、諏訪湖の水産資源は海が遠い山国信州の重要な食料になるとともに、紺碧の湖面に緑の山影を映しだす美しい自然環境は、人びとの心に創造の活力と生きることへの誇りを与えてきたにちがいない。

**図２ ● 曽根遺跡の位置と現在の諏訪湖**

写真は東から西を望む。湖岸から約500ｍ先の湖中、水深約２ｍあたりに、南北幅約350ｍで曽根遺跡が広がっている（地図上の紫字は黒耀石原産地）。

## なぜ諏訪湖底から石鏃が

素晴らしい石鏃が、しかもたくさん出土する——曽根遺跡は発見当初から大きな疑問に包まれて、多くの人びとの関心を引きつけた。なぜ湖底から多量の石鏃がみつかるのか、なぜ湖底に石器時代人の遺跡があるのか。

まさか水中人間などいるはずもなく、湖底遺跡の謎に議論がおきて不思議はなかった。はじめて遺跡として認識されたのは一九〇八年（明治四一）。歩みをはじめたばかりの日本考古学に大きな論争の渦をまきおこした。第2章で述べる曽根論争である。

それから約一〇〇年、現在に至るまで、諏訪、そして長野県の人びとだけでなく、中央の人類学者・考古学者がこの謎に挑んできた。そして、そのあいだには学問上の課題についても、それにかかわった個人の生き方の問題についても、それぞれ悲喜こもごもの数々のドラマも生みだした。本書で追究しようとする「狩人」とは、いまは湖底に沈む遺跡で、「日本一美しい矢《や》ノ根《ね》石《いし》」と称される、たくさんの石鏃を生みだした太古の「狩人」と、その石鏃に魅せられ、また湖底の遺跡という謎にとりつかれて、学問の世界で夢を追い求め、さまざまな人生を生き抜いた現代の考古学の「狩人」たちである。

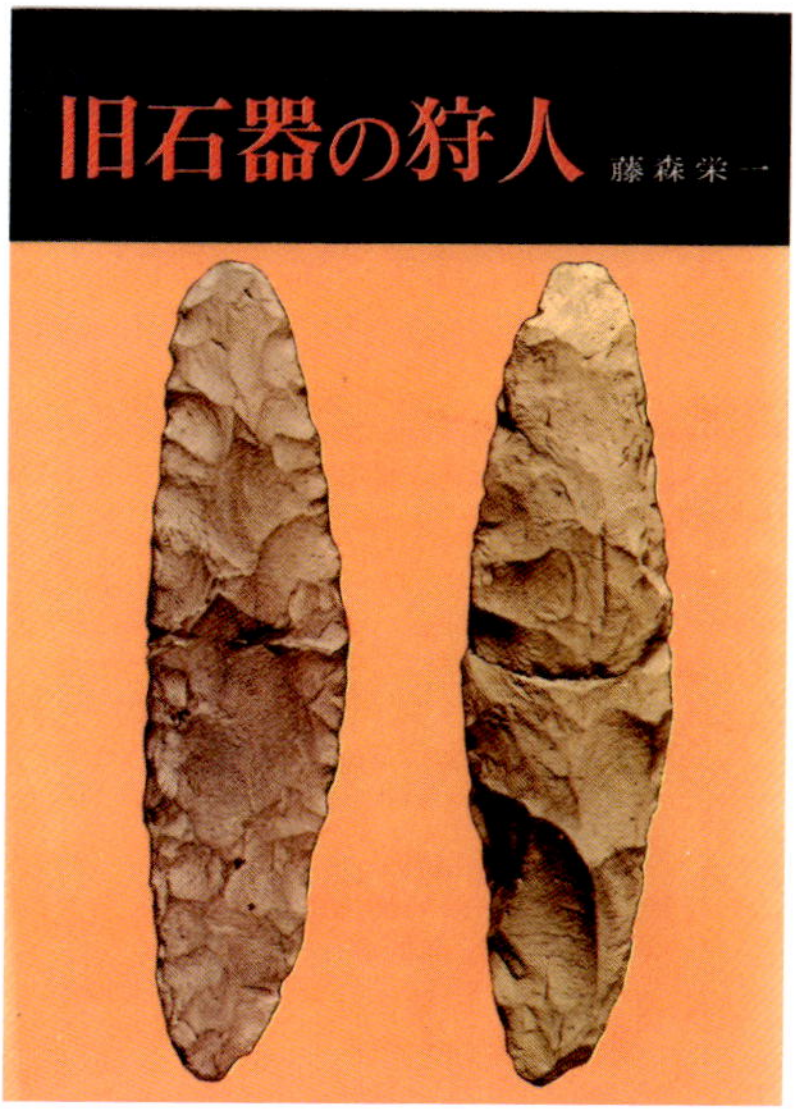


**図3 ● 藤森栄一著『旧石器の狩人』**
曽根遺跡の調査をはじめ、日本列島最古の人類を追い求めた人びとの苦闘と情熱を描いた名著（学生社、1965）。

# 第2章　湖底の謎を追った狩人たち

## 1　橋本福松の発見

### 湖底の不思議

一九〇六年（明治三九）八月、諏訪湖に舟を浮かべる一人の青年の姿があった。長い竿を湖底に突き刺し、引き上げては舟からの深さを測っていた。諏訪湖の深さなど、まだだれも関心を示す時代ではなかった。

そのとき、一つの不思議に遭遇した。湖底の多くの場所は泥土で、ずぶずぶと竿が吸い込まれてしまうのに、一カ所だけその感触はなくて、竿がピタリと止まって底が硬かった。その地点には地元にこんな言い伝えが残っていた。湖辺の地籍を大和《やまと》というが、その高台にある寿量院という寺は、かつて湖中にあった島から移ってきたというのである。島のあった湖中を「ジリョウ」または「ソネ」といった。そのような不思議な曰《いわ》くありげなところであった。

なぜ硬いのだろう？　そんな疑問が強く頭に染みついた。しかし、疑問を解くための余裕のないまま二年の時が経過した。

ようやくのことである。一九〇八年（明治四一）一〇月二四日、青年はふたたび疑問の地に舟を浮かべた。泥ではないその湖底はいったいどうなっているのだろうか。調査のための道具の準備も怠りなかった。当時その地は、蜆《しじみ》の漁場となっていた。漁師たちは蜆を捕るために、長い竿の先に幅五〇センチ程度の鉄製の網かごをつけた蜆鋤簾《じょれん》という用具を使っていた。それを使って湖底の土壌を採集しようとしたのである。

さっそく湖底をさらってみた。ひとすくいしたそのときである。湖底は砂利場のようで小石がたくさん入り、その中に美しく輝く石が混じっていた。黒耀石やチャートである。それらとともに、なんと矢尻のかたちをした石もあった。青年はすぐに、それがまごうことなき見事な石鏃であると確信した。曽根遺跡発見の瞬間である。

## 青年教師・橋本福松

青年は小学校の代用教員、名を橋本福松《ふくまつ》といった（旧姓平澤、曽根遺跡発見直前に養子に入り橋本姓になる）。一八八三年（明治一六）に現在の長野県伊那《いな》市西春近《にしはるちか》に生まれた。少年時代に上京し陸軍士官学校・陸軍幼年学校への予備教育をほどこす成城学校に学んだが、「海軍兵学校や陸軍士官学校を受けたが、耳の故障でどっちもだめで」故郷に戻り、一八歳の時に諏訪郡玉川村（現・茅野市）の玉川尋常小学校に代用教員として赴任した。玉川小では当時、アララギ派歌人として名を馳せていた久保田俊彦（島木赤彦）が主席訓導（教頭）をしていて、橋本は久保田に傾倒していく。やがて一九〇四年（明治三七）に久保田が諏訪湖を眼下に望む上諏訪の高嶋尋常小学校へと異動すると、翌年に橋本も同じ高嶋小へ異動した。

明けて一九〇六年（明治三九）の冬二月。日本における近代湖沼学の第一人者、田中阿歌麿《あかまろ》子爵が諏訪郡教育会とともに諏訪湖の調査をおこなうことになり、橋本は助手に嘱託される。

元来、向学心旺盛な橋本は、地質学や人類学にも強い関心をもっていた。玉川小の日誌には、橋本が鉱物採集のため諏訪方面へ一週間も出張したり、分校の研究会で人類学の講話をおこなったりしたことが記されている。

助手になってからというもの橋本は、校務のかたわら寸暇を惜しんで諏訪湖に通った。観測項目の一つに深度・湖底状態の調査があり、「小生は

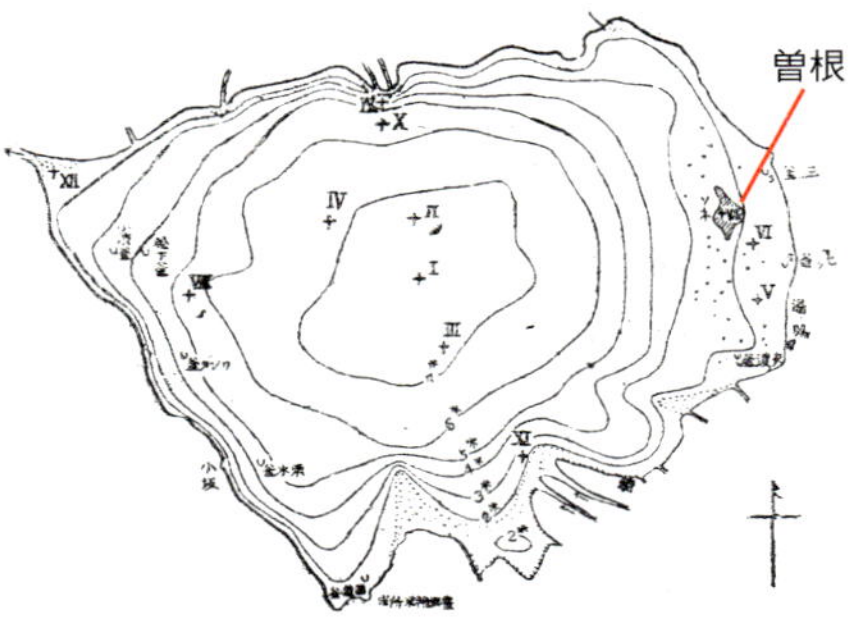


諏訪湖深浅図

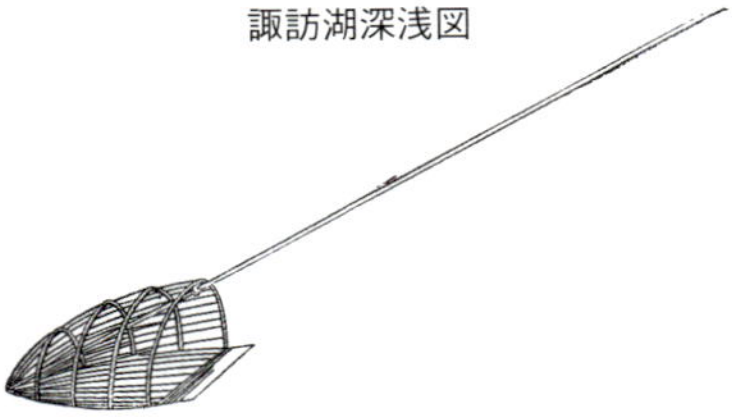

**図４ ● 橋本福松と曽根発見にまつわる資料**
右は、『諏訪湖』（宮阪日新堂、1914）の扉を飾った橋本福松の写真。左は、橋本の作成した諏訪湖深浅図と、自身で描いた蜆鋤簾の図（いずれも『諏訪湖の研究』岩波書店、1918）。

昨三十九年の八月、三百余回の錘測をなして、此湖の深度の大体を知ることを得た」（「諏訪湖の深さ」『信濃博物学雑誌』第二四号、一九〇七年）という。厳密には前後二八四回の深度錘測、つまり二八四の測地点にわたる調査で、はじめて正確な諏訪湖の深浅図が作られた。その一地点、諏訪市大和地籍の沖合約五〇〇メートルに曽根があったのである。

## 地域の自然・人文への科学的関心

橋本は発見の様子をみずからくわしく記している。少し長いが引用しよう。

「去る昨年の十月廿四日午前に漁夫を指揮して蜆鋤簾で掻き上げた者を見ると粘土、砂、火山礫、黒曜岩等が主なるもので……一二個の鉄石英を採取することができたのである。抑《そもそ》も此ソネから鉄石英の出ることは前述の、黒曜石と供に不審を起すべき事で、更に廿四日には普通の燧石《ひうちいし》即ちFlint（フリント、一般的にチャートとよばれる硬質な岩石—著者註）の二三片をも拾ひ上げたのである、一躰これはどう云ふ訳であるか何故に此処に此等の岩石が有るのであろうか、……更らに此等の岩石は何れも石鏃製造の材料とすべきものである処から考へて見ると恰《あたか》も彼《かの》石器時代の人間が石鏃を製造した遺跡の如き観がある処から推し量つて見ると、或は此処が嘗《かつ》ては水面に現はれて居た場所であつて矢張石鏃を製造した遺跡ではないかと思はれる、否確かに石鏃製造の場所であつたのである、果然廿四日には此ソネより僅《わず》か三十分許《ばかり》の間に於て二個の石鏃を拾ひ上げたのである……扨《さ》て斯《か》かる小さきものが僅か三十分許の間に於いて、しかも二個迄も彼の目の粗なる五分目鋤簾によつて掻き上げられたのは実に僥倖《ぎょうこう》であつたので

ある」（「諏訪湖底より石器を発見す」『東京人類学会雑誌』第二七八号、一九〇九年）

発見したときの興奮が伝わってくるようだ。注目されるのは、この発見がけっして偶然ではなく、「此等の岩石は何れも石鏃製造の材料とすべきものである」「石器時代の人間が石鏃を製造した遺跡」と記しているように、明らかに考古学的関心と知識をもって実現した点だ。

田中阿歌麿の関心は自然科学的な諏訪湖の研究にあった。後に調査研究の成果をまとめた『諏訪湖』（諏訪教育会、一九一四年）の中で「最初の冬に於いて湖面の結氷の研究に着手せり」と研究の目的を記している。つまり、いまでいう「御神渡《おみわた》り」現象などの科学的解明である。橋本はそれに加えて人文的な関心をもっていたのである。

当時の諏訪地域は製糸業により発展していた。一九〇九年に日本の生糸輸出額は中国を抜いて世界一になり、日本の外貨獲得の五割近くを稼いだと

**図5●『諏訪湖の研究』とその巻頭に載る田中阿歌麿**
田中と橋本の成果は『諏訪湖の研究』として大成した。上下巻1682ページの大著で、諏訪の気候風土、生活文化全般を知るための基本文献となった。

いう。そして製糸業発展を牽引していたのは、「信州教育」ともいわれて知られる高い教育への情熱であった。長野県の教師の団体、信濃教育会の中でもとくに諏訪郡教育会の意識は高く、当時「理科教育」とよばれた教育活動を実践していた。地域を徹底的に科学的に知り、そこから地域産業を起こして発展させるという考えのもと、地元の産業界と諏訪郡教育会が中心となって中央から多くの学者を招聘し、地域の自然・人文事象の科学的研究を進めていた。

一九〇二年（明治三五）には、後に「日本地理学の父」とよばれる東京帝国大学の山崎直方《なおまさ》を招いての地質調査をおこない、翌年には佐々木祐太郎の土性調査があり、そして一九〇六年の田中阿歌麿による諏訪湖調査へとつながっていく。こうした学問環境の中で橋本も、地質・鉱物調査や人類学に関心をもち知識を深め、石鏃の発見に至るのである。

## 2 坪井正五郎と曽根論争

### 日本人類学の父・坪井正五郎、驚き動く

さて橋本は、石鏃の発見をただちに田中阿歌麿へ報告した。大発見であることを予感した田中は、すぐさま東京帝国大学理科大学（現・東京大学理学部）教授の坪井正五郎に伝えた。

坪井は、ヨーロッパのアンソロポロジー（anthropology）を「人類学」と訳し、東京帝国大学に人類学教室を開設した、「日本人類学の父」とよばれる人物である。いまに続く学術組織、日本人類学会とその学術雑誌『人類学雑誌』は、坪井による『人類学会報告』（一八八六年創

刊）にはじまっている。

坪井はこの間の事情をつぎのように伝えている。

「去る頃諏訪湖水研究家田中阿歌麿氏から信濃の諏訪湖で二個の石鏃を得た人が有るとの話しを聞きまして、誠に面白い事実と思ひましたから、其人へ発見品の送付を望む旨を云ひ遣られる様にと田中氏に依頼しました所、程無く私の手元に現物が届きました」（『石器時代杭上住居の跡は我国に存在せざるか』『東京人類学雑誌』第二七八号）

橋本から送られてきた二点の石鏃（図7）は坪井を驚かせ、学問的関心を痛く刺激した。

「私は自ら遺物の採集も仕度《した》く、其地の様子を調べて斯《か》かる遺物の存在する所以をも明かに仕度と思つて居たので有ります」（『諏訪湖底石器時代遺跡の調査（上）』『東京人類学会雑誌』第二七九号、一九〇九年）。二度まで使われた「仕度」に坪井の興奮・熱意が伝わってくる。そして曽根行きが実現の運びとなった。

湖底から石鏃が出土する謎に、坪井は一つの予測をもっていた。一八八九年（明治二二）から三年間、ヨーロッパへ留学したときに、湖中に杭を立てその上に暮らす住居があったことを知る。この杭上住居に違いないと考えたのである（ほかに水上住居・湖

**図６● 坪井正五郎**
東京帝国大学に人類学教室を開設し、人類学会を立ちあげ『人類学会報告』を創刊した。

上住居などの呼び方があるが、ここでは杭上住居に統一しておく）。現地を訪れる前にすでに先に引用した論文の中で杭上住居説を披瀝《ひれき》していた。

じつは日本にも杭上住居があるという想定は、以前から坪井の頭をめぐっていた。青森県の亀ヶ岡遺跡である。多量の遺物を包蔵するその地は泥炭地で、通常の住居を作るには不向きと思われた。杭上住居であるまいか。検証すべく人類学教室の助手佐藤伝蔵が亀ヶ岡遺跡におもむき調査したが、「水上住居の遺跡たる證跡を発見する能はざりしなり」と無念の結果に終わっていた。それでも坪井は日本にもきっとあると、その発見を疑わなかった。

## 坪井正五郎の第一回調査

一九〇九年五月一七日、坪井正五郎は人類学教室員の松村瞭をともない諏訪にきた。橋本福松は一行の上諏訪への到着を待ちきれず、一つ手前の茅野停車場まで迎えに行って坪井の乗る列車に乗り込んで

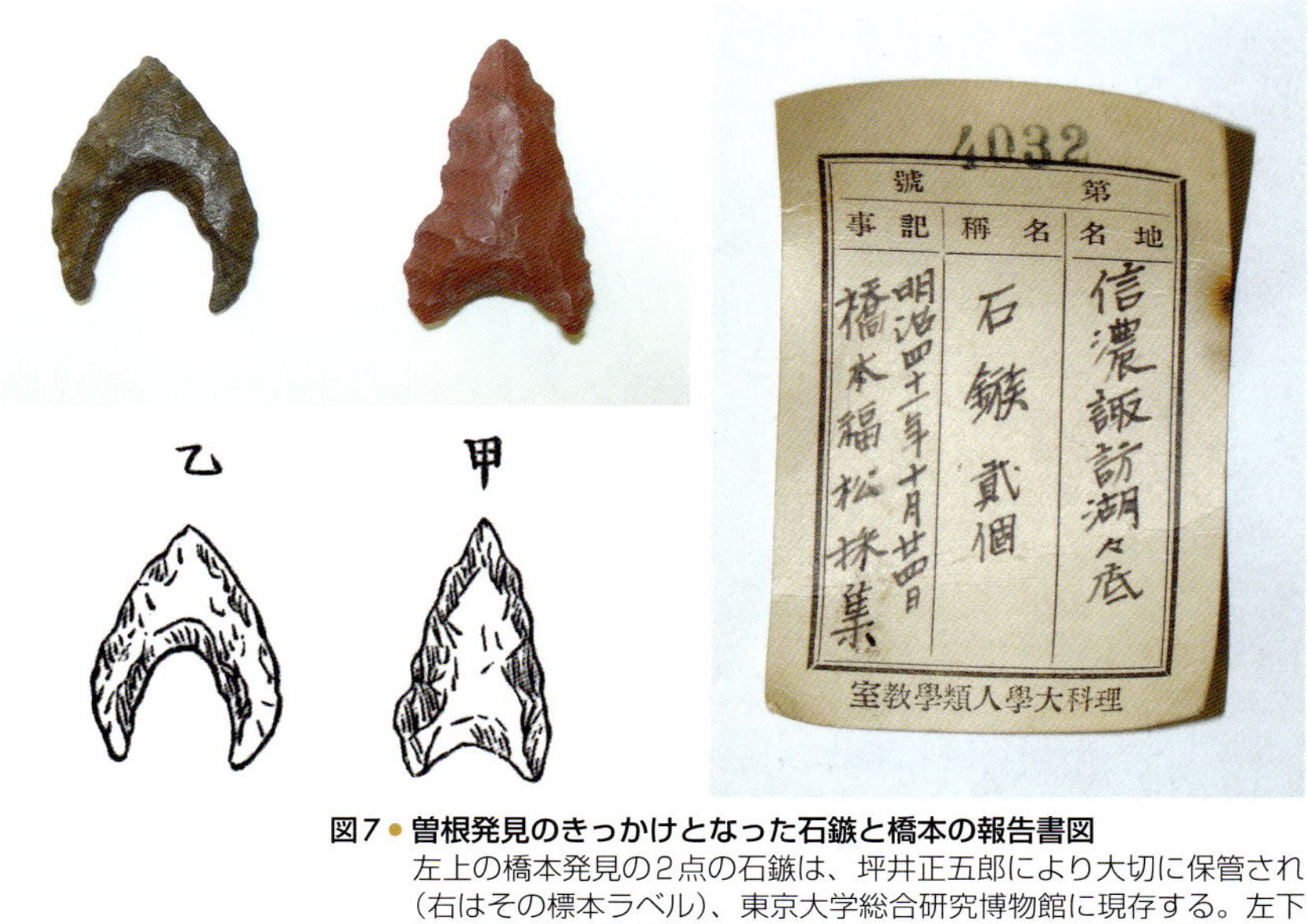


**図7● 曽根発見のきっかけとなった石鏃と橋本の報告書図**
左上の橋本発見の2点の石鏃は、坪井正五郎により大切に保管され（右はその標本ラベル）、東京大学総合研究博物館に現存する。左下は、橋本が「諏訪湖底より石器を発見す」に掲載した石器図。

いる。上諏訪停車場では、小澤孝太郎（半堂《はんどう》）や両《もろ》角《ずみ》新治といった地元有志者たちが出迎え、まずは宿泊先の布半《ぬのはん》旅店に落ち着き、今後の手はずを整えた。このとき、橋本が曽根の位置の記した諏訪湖実測図を坪井は和紙にていねいに写しとってもいた。

翌一八日、早朝八時半から諏訪湖に出向き、橋本はじめ小澤、両角ら地元の支援者とともに三艘の舟に乗り込んで湖底をさらった（図8）。

その成果は上々で「約三時間黒耀石百個を得たり」と翌日の地元『信濃毎日新聞』は伝える。その内訳は、石鏃（一一四点）、石鏃未成品（六点）、長方形石片（五四点）、多少加工したる石片（二三点）、摩擦ある石片（二点）、石鏃原料（黒耀石一と他の石六の計七点）、石鏃製造の屑（黒耀石一二〇〇、他の石一九〇の計一三九〇）、それと土器数片。

坪井は、以上の成果をさっそく『東京人類学会雑誌』誌上に「諏訪湖底石器時代遺跡の調査」と題して発表した。第二七九号から四回にわたる連載であ

**図8 ● 坪井正五郎の第１回目の調査**
3艘の舟が出て、2艘が写真に写っている。『大日本小学作文奨励集』第5号（1909年9月）に掲載された写真。

る。その中で坪井は、石鏃の多さへの驚きを記し、石器製作跡であると推測している。ただし、わずかとはいえ「飲食具」である土器もあることから、たんなる製作跡ではなく、生活全般を含む居住の場であるとも指摘している。

一方で、「陸上発見の土器片は厚いのを常とするのに湖底から出るのは何故薄いものばかりで有るか」との疑問も示す。当時、土器の厚さの違いが、作られた時期の違いであることはまだ知られていなかった。また、「粗く破つて扁平な不規則長方形とした石片」を「長方形石片」と称して注目する。大陸とのつながりを意識したと思われる。それはのちに八幡一郎によって、旧石器時代にさかのぼる可能性のある石器として追究されてゆくことになるが、それは後でふれることにしよう。

さて坪井は、午後は陸上の大和地籍の遺跡や高島城址付近の土器採集地点を踏査し、その夜は諏訪中学校（現・長野県諏訪清陵高校）で「石器時代に就いて」と題して講演するなど精力的に行動した。講演は午後七時から二時間におよび、『信濃毎日新聞』は聴衆を「無慮《むりょ》四百余名」と伝えている。地域住民の関心の高さがうかがえる。

## 新聞各紙の注目

端《はな》から杭上住居の答えをもってやってきた坪井であった。そして現地では多くの遺物を発見し、自らの仮説を確信したにちがいない。奇抜ともいえる説であったが、地元新聞ばかりでなく全国紙も格好のニュースとしてとり上げた。

『報知新聞』（五月二二日）は、「吾等の祖先は諏訪湖上に生活したることあり」の見出しで、日本において水底より発見された遺跡は「人類学上之を以て嚆矢とする」と位置づける。『東京二六新聞』（五月二〇日）は、「太古水上生活遺跡」という見出しで、「古代野蛮人種が水上生活の跡にはあらざるか　さすれば東洋唯一の人類学上に於ける大発見なり。尚研究の上これを世界の学術界に発表するに至るべし」と報じた。『時事新報』は、五月二〇日の見出しが「坪井氏と諏訪湖」。「未だ東洋には発見せられぬ水上生活民族の遺跡となりて考古学界に於ける一大発見として欧州の人類学研究上にも資すべく諏訪湖は一大名勝古跡たるに至らん」と記し、世界の曽根といわんばかりだ。二一日には「湖底の太古遺跡」と写真入の扱いで、「更に大仕掛けの調査を為すの必要在り　兎に角日本に於いて始めて此発見をなし得しは、喜ぶべき事なり」と締めくくる（図9）。

　このように新聞が太古の遺跡に強い関心をもった背景には、当時の日本が置かれていた国際環境があった。日露戦争に勝利し、国際社会で欧米列強にならぼうとする中で、人種問題

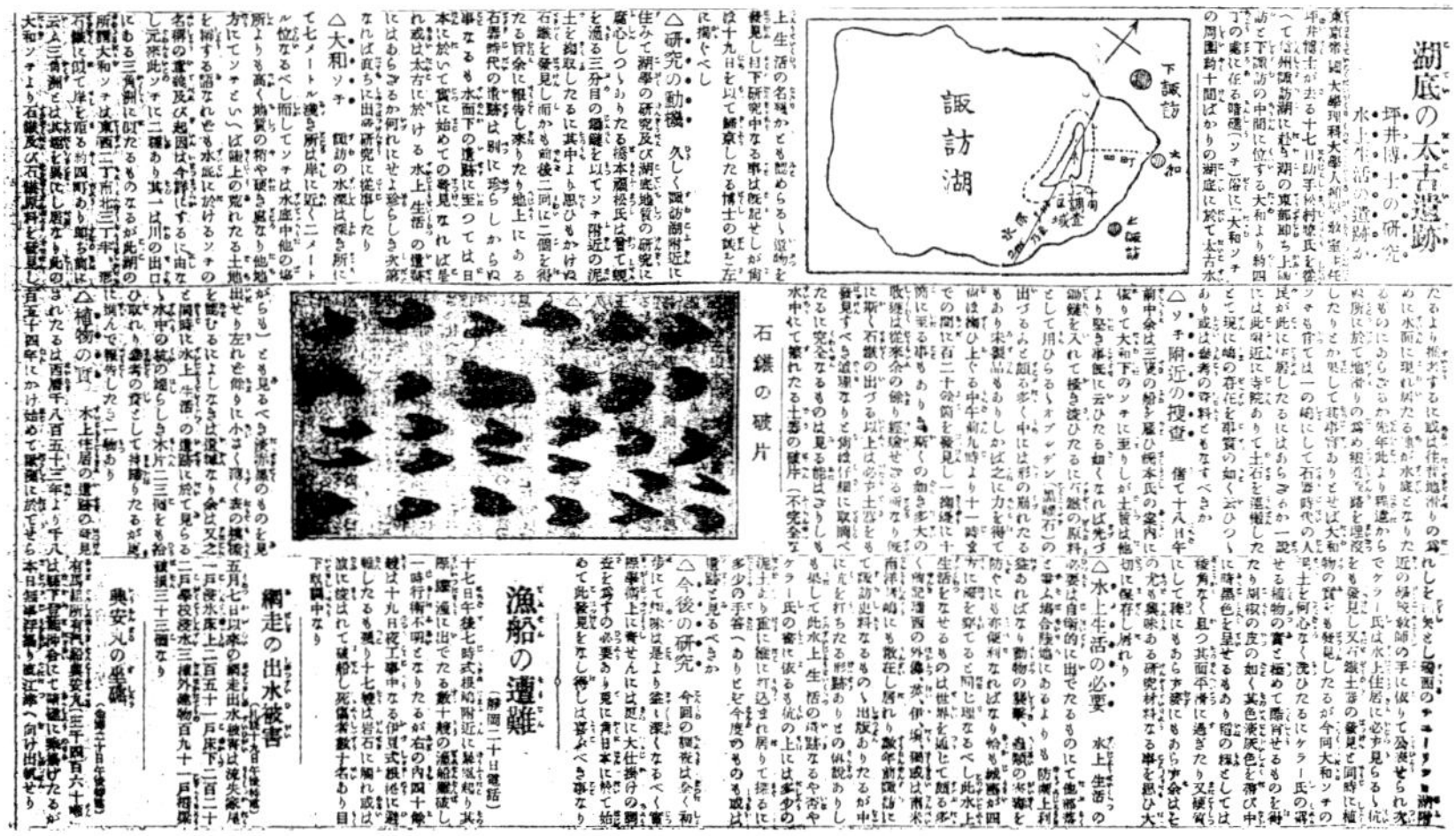
湖底の太古遺跡
坪井博士の研究
諏訪湖
石鏃の破片
漁船の遭難
網走の出水被害

図9●東京『時事新報』（1909年5月21日）の写真・図入りの記事

に大きな関心が注がれていた。日本人とは何であるのか、それ以前に野蛮な人種が住んでいたのか……。

曽根遺跡は欧米列強に劣らぬ太古の遺産とそれを研究する学問の優秀性――そうした優越意識を感じさせる発見であることを、これらの新聞の見出しは示している。同時に、みずからが立ち上げた人類学が、国益に資する有意な学問たることを誇示する絶好機、と坪井が考えたとして不思議はなかった。こうして諏訪湖への関心が大いに盛り上がってゆくことになる。

図10 ● 神保小虎
日露戦後、樺太で地質・鉱物調査をおこない、北海道・樺太の先住民の生活文化に関する造詣が深かった。坪井も同時期に樺太の遺跡調査をおこなっている。

## 曽根論争――地質学者・神保小虎の疑問

しかし、その一方で新聞の曽根報道騒ぎを冷静にながめる学者がいた。同じ東京帝国大学地質学教室の教授神保小虎《ことら》である。

彼の疑問はこうだ。冬に結氷する諏訪湖にあって、杭がそのままに存在することはありえない。そもそも、そのような長い杭を打ち込むことなど考えられない。たしかに坪井の調査では、杭上住居の決定打となる杭を示す木片は発見できなかった。

田中阿歌麿も神保の疑問に同調し、二人は共同で現地調査をすることになった。坪井の調査からわずか一カ月半後の一九〇九年七月六日のことである。

神保と田中は、諏訪湖畔の地すべり地に足を運んで見聞し、「終わりて二者の感想は寸分違はず相一致するに及」んでいた。帰京した翌朝、七月九日の『時事新報』に神保小虎の、『報知新聞』には田中阿歌麿のコメントが紙面に踊った。神保の要旨は、湖底の土砂を採集して精細に調べなくては曽根湖底の成因はわからないが、付近の地形等から「湖岸には昔土地の陥落があつたかも知れぬと想像される」という土地陥没説だった。さらに『東京人類学会雑誌』二八二号で神保は、「湖上生活に必要な杭は氷の圧力で折られるか押し倒される」ので、「故に湖上生活ならば春夏秋丈に限るかも知れない」と補足している。翌一〇日には、地元長野と東京の各紙も追随して、坪井説への反論をいっせいにとり上げた。

これに対して坪井は、「私にも確信がある」（『長野新聞』七月二四日）と反論し、杭さえ発見できればとばかりの執念で、再度の調査を敢行した。神保・田中の調査からのわずか一〇日後、七月二一日

図11●坪井による2回目の曽根遺跡調査
手前に舟で湖中に手をさしのべているのが両角新治、右隣が坪井。後方の舟の右端に立っているのが橋本福松。「坪井博士諏訪石器時代遺跡調査　絵葉書」として残っていた写真。

からの三泊四日の調査であった。

初日が湖上の曽根調査（図11）で、地元からは橋本福松、両角新治の二人と、おそらく小澤半堂も参加したと思われる。二日目は範囲を広げて、木杭の埋没が伝えられた田圃の調査、三日目も同じく木杭を期待して高島城址付近の発掘調査をおこなっている（図12）。しかし、杭はみつからなかった。

これが考古学史上著名な「曽根論争」の実況である。その後新聞は、坪井の奇抜な考えに無理を感じたのか、地すべり説の優位を認めた。そして以後、曽根の報道を打ち切った。

## 杭上住居説とコロボックル論争

それでも坪井の執念は変わることなく続いた。明けて一九一〇年（明治四三）二月から六月にわたる「諏訪湖底石器時代遺物考追記」（『東京人類学会雑誌』第二八七〜二九一号）という大論文が何よりの証拠である。

この論文では、二回目の採集品に加え、小澤半堂と両角新治の採集品や彼らからの情報も追

**図12 ● 高島城址付近の発掘調査**
杭上住居の証拠となる木杭を求めた発掘調査。左端が坪井で、その隣は橋本、両角ら坪井の調査に参加した人たち。長野県初の学術発掘調査となる。

加した。石鏃の数は七二六個と多量になった。それらの石鏃は湖辺（陸上）遺跡出土の石鏃と形が一致しない点を鋭く指摘し、土器についてもやはり湖辺の土器と湖底の土器とは大きく異なることに注意した。

肝心なその違いの由来については、「住民の違ひ」を視野に入れる一方で、「時代の違ひ」を示唆する点が注目される。さらに、採集した多くの動物の骨片を見逃さず、その保存状態に着目し、「乾いた土地でなく初めからして水気の有つた所たるを告げると申して宜しい」と導いたうえ、イノシシやクマなどの歯を認め、あらためて「水上生活が猛獣を避ける」ためであったと位置づけて、自らの説を強調した。

しかし二年後、決着をみないままに坪井は異国の地ロシアで客死する。間違いなく最後まで、曽根に未練を抱いていた坪井であった。杭上住居説はこうして忘れ去られた。

そしてこの時、もう一つの論争も終息してゆく。日本の先住民にかかわるコロボックル論争である。エドワード・S・モースが大森貝塚で発見した、いまでいう縄文土器などを使った人びとは、日本人の起源とは異なる先住民族＝野蛮人種に違いないと考えられていて、多くの研究者がアイヌ説を主張する中で、坪井はアイヌの伝説に登場するコロボックルであるという奇抜な説を一人唱えていた。コロボックルとは荒唐無稽であるという厳しい批判の嵐の中でも、坪井は自説を曲げることはついになかった。

現在の考古学の知見からすれば、コロボックル説もアイヌ説も否定されるものであり、また、大森貝塚を残したような縄文時代の人びとは野蛮な先住民で、日本人は弥生時代以降に日本列島にやってきた民族であるという発想自体きびしく批判されるものである。けれども、あえてコロボックルという荒唐無稽な説を主張した坪井の意図を考えてみることも、あながち無駄なことではないかもしれない、と私は考えている。

坪井は「コロボックル風俗考」（『風俗画報』九〇号、一八九五年）の中で、コロボックルとは「石器時代の跡を遺したる人民を呼ぶ仮り名」であると記している。旧石器時代の存在など考えられなかった時代、坪井は大陸からやってきた人びとをコロボックルと仮称し、やがて日本人種の起源となると考えたのではなかろうか。また、土間ではなくて床を高くし板壁をもつとする杭上住居の構造はまさに日本家屋につながる。坪井は、これも大陸から伝わってきたと考えていたのではあるまいか……。

さて、曽根にもどって肝心なことは、なぜ湖底からの疑問が、地すべり説でけっして解決したわけではなかったことだ。

## 鳥居龍蔵の調査

坪井が調査に臨んだ一九〇九年の暮れには、鳥居龍蔵も曽根見聞に諏訪に来た。

鳥居龍蔵は一八七〇年（明治三）、徳島県徳島市で煙草問屋の次男として生まれ、小学生のころから人類学に興味をもち、独学の末、一八九四年（明治二七）に坪井の人類学教室に標本整理係として雇われた。翌九五年、日清戦争により日本軍の勢力下にあった中国・遼東半島での調査を皮切りに、翌九六年には日本の植民地となった台湾の調査に人類学担当として派遣され、その後も日露戦争後に日本の権益が国際的に認められた中国東北部（満蒙）の調査や韓国併合後の朝鮮半島調査など、日本が海外進出した地域に赴いて精力的に人類学調査をおこなった。

一九〇九年、すでに大学講師となっていた鳥居は、三月には満一歳になったばかりの乳児を抱え、家族ぐるみで「蒙古」（モンゴル）の調査に旅立ち一二月に帰国、翌春三月には満州（中国東北部）調査へ出発という、あわただしい年の瀬の曽根だった。

その時の様子を、長野県の民俗・歴史研究家であり、当時長野新聞の主幹であった栗岩英治が「信濃考古紀行　理科大学講師鳥居龍蔵氏同伴」との記事で伝えている。

二人は一二月二八日に諏訪に来て、いくつかの遺跡・寺社をみてまわり、いよいよ諏訪湖に出たのは大晦日だった。しかし、「此頃の暖かさで、氷が解けて互に浮游衝突して居る為、危険で舟が出せぬ」ということで現地調査は断念した。

**図13 ● 旧御射山遺跡調査の際の鳥居龍蔵**（1920年4月25日）
中央で腕を組んでいるのが鳥居、右端は中学生時代の八幡一郎。

だが鳥居はその時、重要な所見を抱いた。「水上住居の跡としては、曽根の地が湖辺から距たり過ぎて居りはしないか」「独木船《まるきぶね》ででも往復しなくてはならぬ」。水上住居とするには湖畔から離れすぎている。そこから、筏を組んでその上に住んでいたのではないかという筏上住居説を発想した。坪井の水上住居説と、水辺と住居のその間を往来する独木船の両者をあわせた、いわば折衷的発想といえる。

鳥居の再度の訪問は、一一年後の一九二〇年（大正九）四月二三日のことだった。一九一八年（大正七）から信濃教育会諏訪部会が開始した『諏訪史』編纂事業にかかわり、曽根を調査することになったのである。しかし、今度は強風のためまたも調査は中止となった。三度目の正直ともいえる曽根への挑戦は、その夏八月二九日に実現した。翌三〇日の地元紙『信陽新聞』がその様子をくわしく伝えている。

調査は「午前八時より同十一時まで」おこなわれ、地元から橋本福松のほか田中一造、両角守一、そして後に考古学者となる諏訪中学校生の八幡一郎など都合一一名が参加した。この時、肝心な採集成果は少なくて、かつて坪井調査時の成果とは程遠かったようだ。そのため、一九二四年（大正一三）に刊行された『諏訪史第一巻』に収録された曽根遺跡の遺物写真には、地元の考古愛好家・増澤寅之助が作成した標本資料を使用している。

以上のように、坪井正五郎および鳥居龍蔵らの人類学初期の曽根調査では、湖底の謎を解明できなかったが、太古の歴史を解明する学問として人類学が有益であることを認知させる好機であったと評価したい。

# 3 考古学に目覚める地域住民

## 坪井の調査を支えた地域住民

さて、坪井正五郎や鳥居龍蔵の調査には、橋本福松をはじめ多くの地域住民が手助けをした。図12には坪井による二回目の調査に参加した人たちが写っている。調査団を編成する意気込みが伝わってくるようだ。その中には、後に諏訪に考古学を根づかせることになる人たちがいた。

一人は両角新治。諏訪の素封家に生まれ、当時、諏訪中学で国語漢文を教え、考古学の愛好家でもあった。息子の守一はやがて信州考古学の草分け的な存在となり、藤森栄一の考古学の師となった。

もう一人は小澤半堂（本名・孝太郎）。諏訪で自刻出版業を営み、地元では俳諧で名をとどめる名士であった。坪井の初回の調査に参加し、その後もみずから調査を続け、その年の六月に石鏃六〇〇個、土器七〇個、獣骨二〇個などを採集したと新聞が報じている。東京大学に半堂が坪井に宛てたハガキが残っている。「石鏃六百個採取ハ中々お

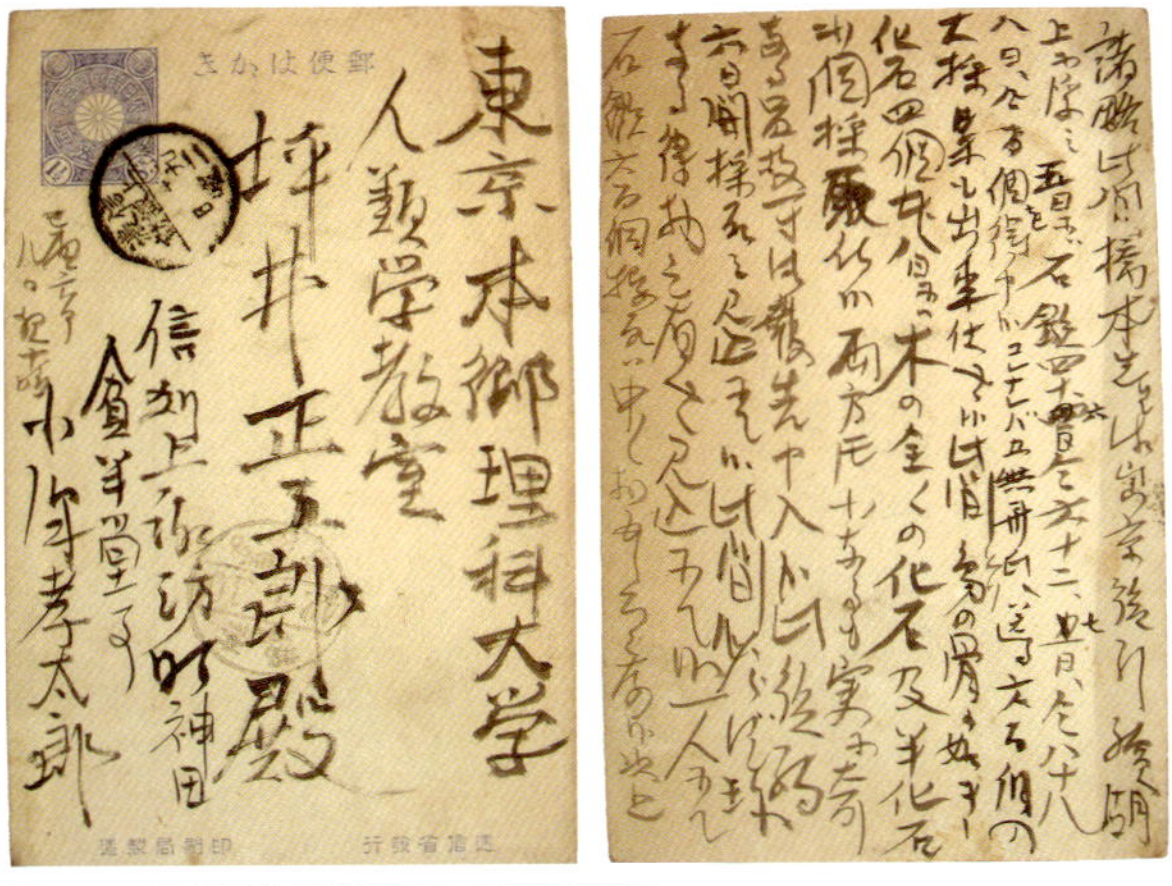

▲石《せき》鏃《ぞく》六百個《こ》　貧半堂

採集《さいしう》の心《こゝろ》の的《まと》は矢《や》の根石《ねいし》
何卒《なにとぞ》あたれ萬代《よろづよ》のため

◎諏訪《すは》の海《うみ》や底《そこ》には蜆《しじみ》矢の根石《ねいし》

図14● 小澤半堂の意気込みを示す足跡
左・中：1909年6月9日に坪井正五郎に宛てたハガキ。石鏃600個の採集をおこなう様子を記している。右：『信濃公論』第33号（6月16日）に掲載された、石鏃600個採集の意気込みをあらわした半堂の句歌。

もしろく存候」と採集の意気込みを記している（**図14**）。彼こそ曽根の虜となった筆頭で、本業そっちのけにのめり込み、多くの資料を坪井に送った。その後も石鏃採集を続け、挙げ句、冒頭に紹介した藤森栄一のエピソードに登場する、曽根の石鏃をくくりつけた「諏訪みやげ」を作った当人である。

橋本福松については前述した。その後、橋本は教職を退き岩波書店で修業を積んで、地理学専門書を中心とした出版社古今書院を立ち上げた。なお、調査のお

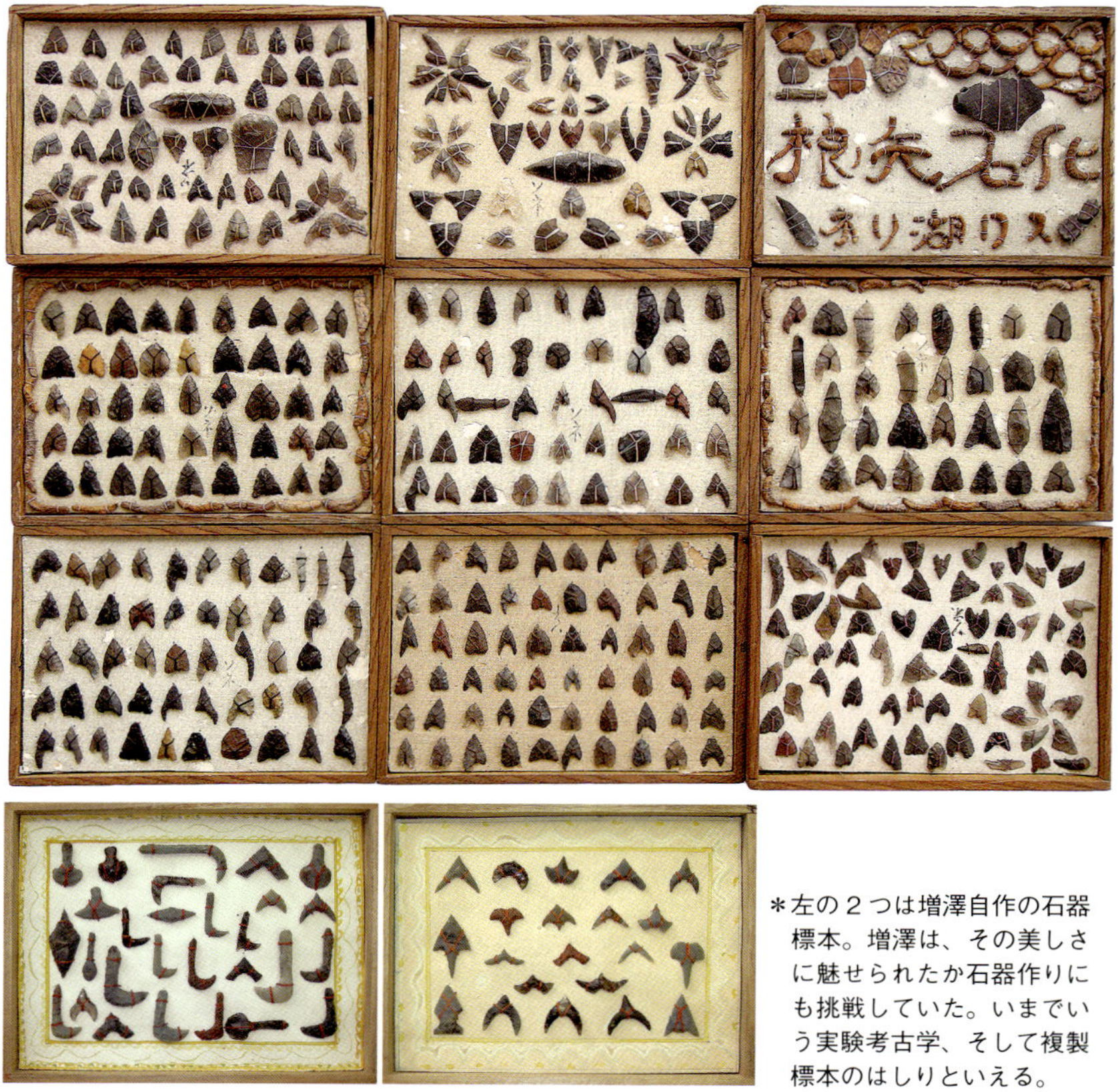

＊左の２つは増澤自作の石器標本。増澤は、その美しさに魅せられたか石器作りにも挑戦していた。いまでいう実験考古学、そして複製標本のはしりといえる。

**図15 ● 増澤寅之助が作成した標本**
藤森栄一は「こんな美しい色と線をもった標本は、なかなか見られるものではない」と感嘆している（『旧石器の狩人』）。

こなわれた年、橋本が勤務する高嶋高等尋常小学校には、両角新治の息子守一が五年生に、小澤半堂の子息代助が四年生に在籍していた。加えて両角新治の娘ゆ紀は四月から代用教員として勤めていた。橋本と両角、小澤は小学校を通して知り合いだったのである。

そして、調査には参加しなかったものの、もう一人、曽根に憑かれた人物がいた。増澤寅之助である。地元名産カリンを缶詰にして売り出すなど、一代で財をなした進取の気性に富んだ企業家で、藤森栄一をして「最高の標本」といわしめた石鏃標本の作成者である（図15）。

## 保科百助と「信州産岩石鉱物標本」

最後にもう一人、曽根遺跡を語るうえで欠かせない人物がいる。保科百助《ほしなひゃくすけ》（五無斎《ごむさい》）である。「金もなし子もなしもとよりかかもなし地位もなけれど死にたくもなし」と「無」を五つ並べ

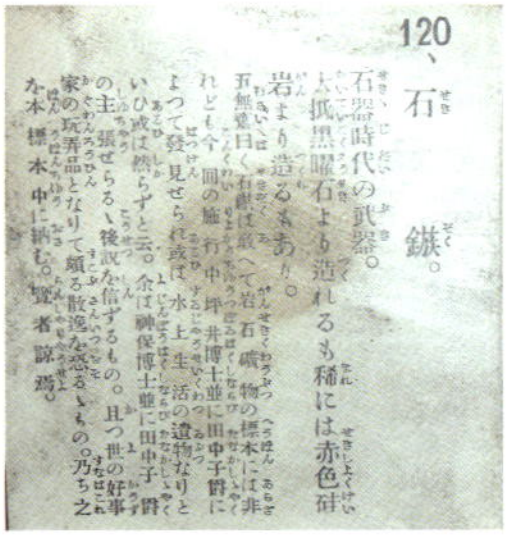


**図16 ● 保科五無斎と岩石標本**
左：保科五無斎の岩石採集の出で立ち。中：保科の企画した岩石標本箱（最下段に曽根石鏃が入った瓶が収納されている。長野県飯田高校所蔵）。右：標本中の曽根石鏃と解説書「120番　石鏃」（長野県松本蟻ヶ崎高校所蔵）。

る自虐的な保科の狂歌こそ、彼の人柄をあらわすと藤森栄一がいう（別の説もある）。

一八九一年（明治二四）に長野県師範学校を卒業して教職につくも、教育の無償化などを叫び、信州教育界を憂いて職を辞す。理想とする小学教育における実学の実践のためにと、長野県内の岩石標本を作って各学校に配ろうという計画を立てた。

県内くまなく岩石を集めて歩いていたときに、曽根の調査に遭遇した。坪井の調査直後の六月二日には、両角・小澤・橋本らとともに湖底調査をおこなった。そして、曽根の石鏃を、計画していた岩石標本に組み込むことを思い立つ。予定していた標本数は六〇〇組。したがって六〇〇個の石鏃を必要とする。先に小澤半堂が採集した石鏃六〇〇個とは、このためのもので、保科の心意気に感じた半堂は見事にその採集を果たしたのである。

やがて標本は一〇〇組ほど完成し、県下の学校に配布された（図16）。しかし、保科は直後に体調を崩し、あっけなく一九一一年（明治四四）九月に他界してしまった。標本の完成をみずに残された石鏃の数は五〇〇に近い。それはいったいどうなったのだろうか。その石鏃こそ増澤寅之助の手にわたり、素晴らしい標本に仕立てられたのではないか、と推察している。

## 信濃教育会諏訪部会と『諏訪史第一巻』

こうした諏訪の学問、とくに考古学への情熱は、『諏訪史第一巻』（一九二四年）に結実する。『諏訪史第一巻』はB5判で本文六一七頁、写真図版六一ページという大冊で、その内容はすべて郡内の遺跡・遺物の内容で埋めつくされている。しかもたんなる羅列ではなく、鳥居龍蔵が「凡例」で「論文的郡史」と記しているように、学問的にも当時の最高水準の内容をもっていた。たとえば、第一部は甲「先史時代（アイヌ人）」と乙「先史時代（吾人祖先の先駆者—固有日本人）」で構成されているが、これは、先住民であるアイヌを追放して日本民族の直接の祖先である「固有日本人」が日本国家を築いたとする鳥居の「固有日本人説」にもとづいている。この説は記紀神話の世界に考古学をあてはめたものとして批判されるべきものだが、地方史誌をたんなる遺跡・遺物の羅列ではなく、学問に裏打ちされた歴史叙述にしようとした試みとして評価されている。

『諏訪史第一巻』の中で曽根の扱いは特別であった。第一部第一編の第五章を全部「諏訪湖底曽根遺跡」にあてている。鳥居はその冒頭で、「本郡をして我が邦考古学界に於ける特殊的地位に在らしめる一つの事実は諏訪湖底に遺跡が存するという事実である」と単独に扱った理由を明記し、「頗る難解なる本遺跡」と説明した。まさに独立すべき、特別な遺跡なのであった。

なお、刊行にたどり着くための、経済的なバックアップも忘れてならない。製糸業で沸き立つ諏訪の実業家が刊行を経済的に支えた。事業の成功もまずは学問からと、つまり何事においても一等の心意気を実践していた。こうした地域の考古学的営為の中、諏訪の考古学熱は高まってゆき、科学的で地域に根ざした考古学研究がはじまるのである。

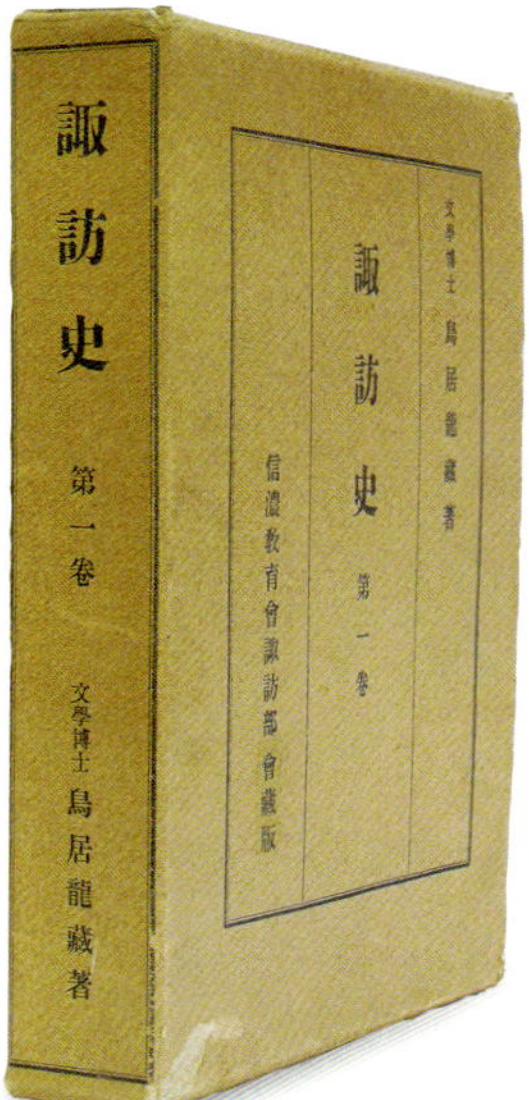


図 17 ●『諏訪史第一巻』

## 4　科学の眼で曽根に迫る

### 八幡一郎による視点の転換

坪井正五郎の死後、曽根遺跡への人びとの関心は薄れていったが、ふたたび曽根遺跡に注目したのは考古学者八幡一郎であった。

八幡は、先に鳥居龍蔵のところでふれたように、諏訪中学校生のときに『諏訪史第一巻』編纂の事業に参加した。それがきっかけとなって、中学を卒業すると東京帝国大学の人類学教室の選科生となり、考古学者への道を歩むことになる。

地元長野県内では、鳥居の指導のもと『諏訪史第一巻』につづいて精力的に各郡誌編纂事業にたずさわり、『先史・原始時代の上伊那』（一九二六年）、『南佐久の考古学的調査』（一九二九年）、『北佐久の考古学的調査』（一九三四年）を編纂していく。

その一方で八幡は、日本列島における人類の起源ついて、縄文時代の土器や石器を北方アジア地域の石器時代文化との類似性から追究していった。その中で曽根遺跡が日本最古の姿をとどめる重要な鍵を握る遺跡とにらんだのである。

根拠は二つ。坪井が「長方形石片」とした石器が大陸の細石器と共通している。そしてもう一つ。このころよりもっとも古い土器と考えられはじめていた捺型文《おしがたもん》土器（いまでいう押型文《おしがたもん》土器）に注意をむけ、曽根遺跡で捺型文土器と一緒に出土する爪形文《つめがたもん》土器を最古の土器と位置づけることができるとした。つまり、曽根遺跡への関心を、「湖底の不思議」という好奇心から、考古学の科学的な考察へと転換させたのである。

しかし、日本列島に旧石器時代は存在しないとした当時の常識から、八幡の研究が評価されることはなかった。ただ今日から振り返ってみると、戦後の日本列島での旧石器時代発見への重要な布石となったことは間違いない。

## 宮坂光次の湖底調査

戦前に曽根に関心をもった考古学者がもう一人いる。その名は宮坂光次《みつじ》。一八九九年（明治三二）に諏訪に生まれ、高嶋尋常小学校では両角守一と同期であった。きっと幼き二人は、曽根の不思議を語り合ったのではなかろうか。

その後、諏訪中学校をへて東京帝国大学へ入学し、鳥居龍蔵門下となった。そこでは郷土の後輩、八幡一郎と机を並べた。やがて人類学教室で研究を補助する副手を務め、一九二六年には、最初の竪穴住居完掘、縄文家族論の原点ともいえる一軒から五人の遺体を発

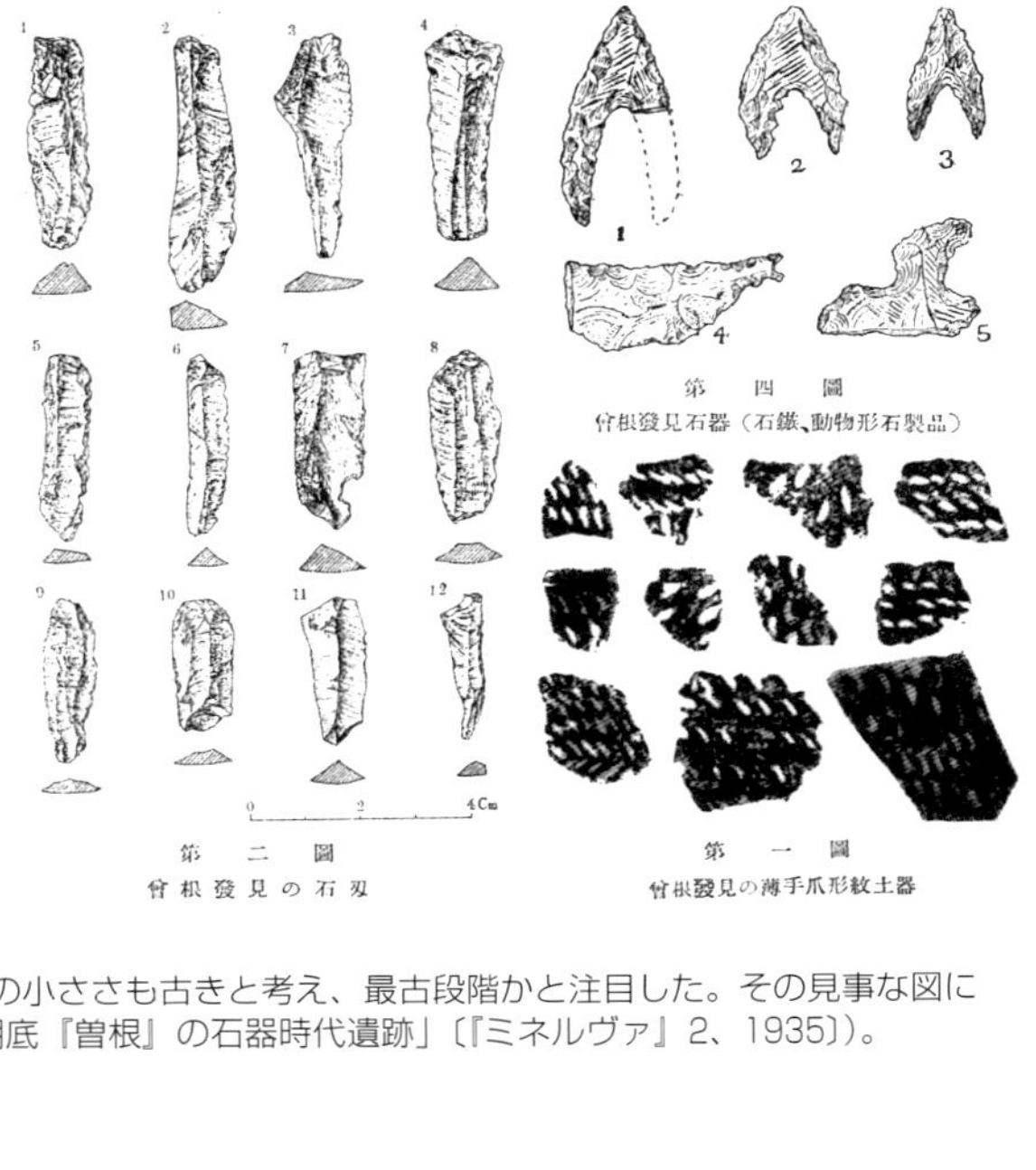


**図18 ● 八幡一郎と八幡が紹介した遺物**
八幡は、石刃や土器、さらに石鏃の小ささも古きと考え、最古段階かと注目した。その見事な図に思いの強さを読みとれる（「諏訪湖底『曽根』の石器時代遺跡」〔『ミネルヴァ』2、1935〕）。

見した、千葉県市川市の姥山《うばやま》貝塚の調査を担当した。その後は大山柏《かしわ》が創設した大山史前研究所の研究の柱となって活躍していた。

その宮坂が戦時中の一九四二年九月一七日、郷里諏訪を訪れて、湖底曽根の測量調査をおこなっていた。それまで石鏃採集に関心がもたれても、考古学研究として曽根の湖底測量をおこなうなどという発想はまったくなかった。そのとき作成した湖底実測図が、地元漁師長谷川茂実のもとに残された（**図19**）。長谷川は曽根を熟知していて、宮坂の測量調査を援助していたのである。

「俊英」といわれて将来を嘱望された宮坂であったが、こつぜんと学界から消えてしまう。その間の事情は不明だが、いまは諏訪市敬念寺の墓石に刻まれた「昭和四三年一二月二日没」の文字に最期の時を知るにとどまる。

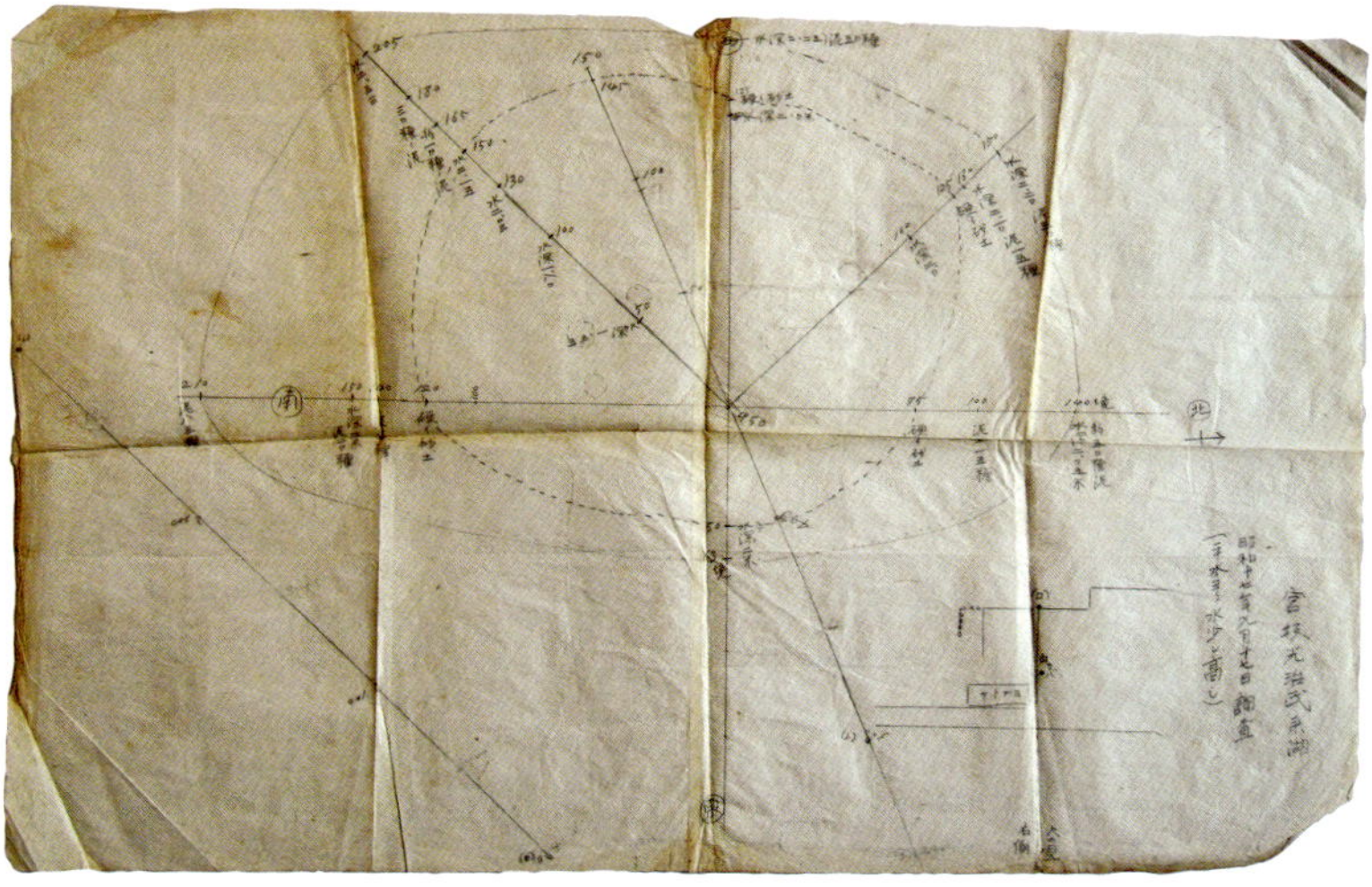

**図19 ● 宮坂光次と宮坂・長谷川作成の曽根地形図**
この図は後に戸沢充則の手に渡り、現在諏訪市博物館に寄贈保管されている。

## 5　高校生戸沢充則の成果

### 戦後まもない高校生の調査

戦後まもない一九四七年の八月、なれない手つきで鋤簾を使い、必死に湖底の泥土をかきあげる四人の若者がいた。諏訪清陵高校併設中学校（旧制諏訪中学）の生徒、青木茂人、金松直也、手塚昌孝、戸沢充則である。

彼らはまだ一五歳。土器や石器に興味をもちはじめて二年もたっていなかったが、曽根の虜になっていた。この中学生たちの調査が、戦後初の曽根遺跡調査として学史に刻まれることになる。

「(曽根は）往時は中央学界に於ても相当に喧伝され研究されたのであるが、大戦による科学のブランクと共に現在一部有識者を除いては全く忘れ去られたかの感があり、謎の遺跡として、永遠に葬られるの感がある。終戦後平和を迎えて三年有余この遺跡に対する探究は吾々に残された重要、且つ貴重なる仕事である事を痛感したのである」

これは翌四八年、諏訪清陵高校に入学したての一年生戸沢が、「曽根遺跡研究」（『清陵考古学』創刊号、図20）と題してまとめた調査報告の中の記述である。

戦後、静岡県の登呂遺跡の発掘、長野県内では塩尻市の平出《ひらいで》遺跡の発見や尖石《とがりいし》・与助尾根《よすけおね》の調査と考古学は活躍していた。そうした中で疑問の固まりような曽根遺跡をこのまま放っておいていいはずはない、という高校生たちの熱い思いが伝わってくる。

## 戦後派新世代の科学的な観察眼

戸沢は、「曽根遺跡研究」で研究の成果をつぎのようにまとめている。

まず従来の論争内容を人類学的立場、地理学的立場という視点で分け、人類学的立場として杭上住居説・限定杭上住居説・筏上住居説があり、地理学的立場として地すべり説・土地陥没説・活断層説・諏訪湖増水説があると、研究史をしっかりと整理する。

また曽根遺跡の湖底地形図もはじめて公開した。この地形図こそ宮坂光次が作成した図で、高校生たちの調査も援助してくれた長谷川茂実から譲り受けたものである。

曽根遺跡には遺物の散布範囲として三地点の集中箇所があることを把握し、焼土を採集したことから「炉」の存在も確認している。

そして、次節でくわしくふれるが、根の付着した木片を発見したことは曽根論争以来の曽根研究再燃の契機となった。つまり、出土木材が自然木であることは、

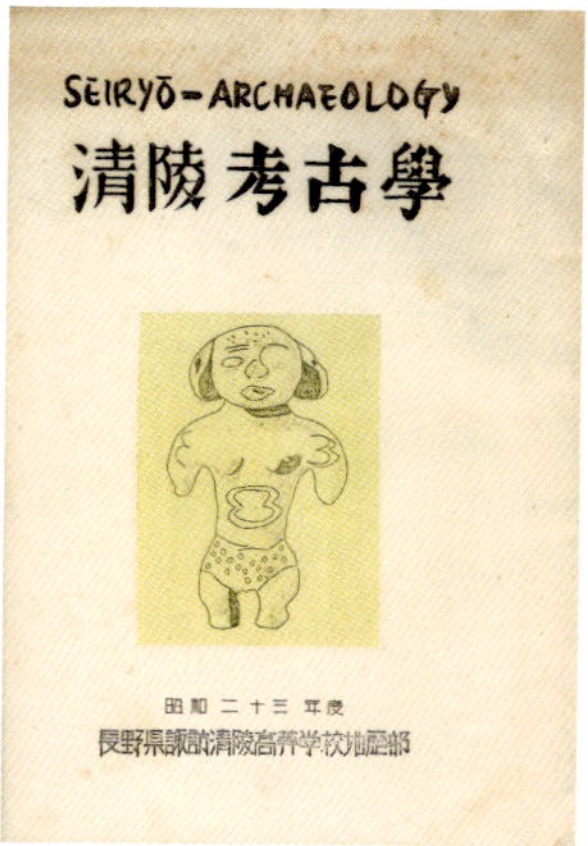



**図20 ● 曽根遺跡を調査する戸沢充則と最初の論文**
この写真はおそらく1954年8月3日の大学1年生の時の調査である。
中学生の時の調査は「曽根遺跡研究」とまとめられ、1948年創刊の『清陵考古学』（右）に掲載された。

水上生活説を否定する重要な資料となるからである。湖底の謎には、近くの大和地籍にある水準点が年四ミリ程度沈降していることを一つの根拠に「地盤沈降説」を提示した。

さらに、周辺遺跡と遺物の組成や特徴を比較し、「曽根は特異性のある存在として他から全く独立した形を有する」ことを具体的に再確認し、年代観として、古期縄文時代にあたる前期相当を予測した。また、特徴的な石鏃の形とその欠損状況に「足部の少し位の欠損は使用の上で差支えなかった」と、使用・機能上の可能性も示唆した。

曽根遺跡という石器時代人が暮らした生活跡を、戦後派新世代の科学的な観察眼でまさに生き生きと理解したのである。その後戸沢は、藤森栄一に師事した後に、明治大学へ進学し、日本考古学をリードする研究者になる。

## 6　藤森栄一の徹底研究

### 「そうだ。帰ろう、湖へ帰ろう」

「私が古本屋兼諏訪考古学研究所を楽しんでいたころ、（昭和）二十三年、戸沢君たちの高校生メンバーが、湖へもぐって、潜水メガネで曽根の石器を採集していた。……やがて、うまく泥舟をかりて、シジミ掻きのジョレンで掻くことになった。戦争中、だれもそれどころでなくほっておかれた湖底曽根遺跡が、またにぎやかになった」（『旧石器の狩人』）

藤森は曽根をこう語り、さらに続ける。「ある日、ＴＯＮちゃん（戸沢）は、木管の輪切りがあがってきたと、息せききって帰ってきた。『なにい！　木管の輪切り？　そりゃ根はあったかなかったか』『知らねえ』『バカヤロウ、立木か丸太か、どっちだ』私が興奮したのは、湖底からジョレンで輪切りになって上がってくる木片となれば、直立していたものにきまっている。……例のTONちゃんのかきあげた木片、むろん輪になっていたのは水中で木質の芯から腐朽して樹皮部が残ったのだが、根があるとないとで立木か杭かがきまるので、考古説と地質説との分かれ目になるのである」（『縄文の世界』講談社、一九六九年）

藤森流のタッチでその情景を描写するが、このとき藤森は、すぐには諏訪湖にむかえなかった。たしかに「私が湖底の再調査を始めた動機は、その木管の輪切りというものをいま一つ確認したかったことと、さらにこの前後から、湖底の秘密という興味から一応離れて、曽根はどの時代の遺跡かという研究意識が激しく伸長してきたことによるといえる」と学問的な興奮をそのとき覚えた。しかし、実際に現地に行き自らの手で確認する余裕が藤森にはなかった。復員したばかりの藤森は、生活の糧を得ることに汲々としていたのである。

藤森がようやく曽根に出たのは、一九五二年七月のことになる。この年は、高校を卒業後も藤森の主宰する諏訪考古学研究所員として考古学を実践していた戸沢が、藤森に勧められて明治大学の考古学研究室へと巣立った年であった。

「私は一身上の契機を感じた。こうしてさまよっているのも、ただ一筋に考古学をしたかったからだけだった。そうだ。ここで帰らなければ、いったいいつの日に帰れるだろう。尖石も与助尾根も一段落したので、私は湖底曽根遺跡を始めた」（『考古学とともに』講談社、一九七〇年)、「そうだ。帰ろう、湖へ帰ろう。そこには、本当の自分の行くべき道がまっているのだ。十年もの空白をあけて、それでまだ何をぼやぼやしているか。私は湖底の採集ととっくんだ」(『旧石器の狩人』)

## 氷上からの湖底地形測量

一九五二年七月、藤森は、夏休みで帰郷した戸沢の案内で、妻と娘三人を助手にして、二艘の舟で諏訪湖にこぎだした。このときの調査でどれくらいの成果を得たのかはわからない。しかし確かな感触を得たのであろう、翌年に本格的な調査へとつながってゆく。

藤森の曽根調査の狙いは、遺跡の正確な年代観の追求と、遺跡のある地形の正確な把握にあった。これによって遺跡の性格を知り、ひいてはあらためて湖底の謎に迫りうる。以後藤森は、徹底的な資料収集と湖底地形測量に邁進する。

一九五三年の調査の正式な記録はないが、地元『南信日日新聞』(九月

**図21 ● 藤森栄一**（1966年）
夕日をあびて曽根遺跡の調査から帰るところ。

一三日）は「諏訪湖の底に一万年　考古学研究所員ら曽根遺跡を調査」の見出しで「諏訪市藤森栄一氏、長谷川茂実氏ら諏訪考古学研究所所員や明大生が、測量調査に乗出すことになった」と伝えている。これは測量のための予備調査で、期間は九月中から半月間、明大生とは戸沢のことだろう。

翌五四年冬からは冬期調査をはじめた。氷上からの本格的な地形測量調査である。東西南北に一〇メートル間隔で標柱を立て、氷に穴をあけ水深を測っていく。氷に穴をあけていくのは骨の折れる作業だが、氷上という定点を得ることで水深の地図は湖底地形の陰画となる。こうした調査は断続的に五九年一月まで続けられ、ついに精緻な湖底実測図が完成した（**図27下**）。

## 陥没説の確証を得る

この調査で藤森は、戸沢ら中学生の調査で陸地だったことは疑いなかったが、ついにみずから確かな証拠に対面する。

**図22 ● 氷上からの調査**
中央が鋤簾で遺物を引き上げているところ。両脇の人物は引き上げた砂利の中から遺物を選別している（岩波書店編集部・岩波映画製作所編『岩波写真文庫217　諏訪湖』1957年に紹介された。撮影は忍田中氏）。

「二〇号ホール（穴）から、十年待望の木芯部が朽ち抜けて輪のようになったのが出た。慎重に氷上にあげるとたちまち凍結、そして、とかすとたちまちにくずれ去った。しかし、今度はもう標的は動かないので、後から後から輪切りはあがってきた。私は、氷の穴の中へ掌をつっこみ、水の中でつぶさに観察した。蒼い氷の中の木片は、わりと明るい褐色で、樹皮らしいものから、わずかだが、確かに細い根が生えて、それが、ゆらゆらと、くらげの足のようにただよって見えた。立木だ。陸地だったんだ。ああ、これが明治四十一年から半世紀以上におよんで、考古学が追いに追った湖底の村の秘密なんだろうか。私はしびれるような腕の冷たさをこらえて、ひげもつからんばかりにそれをみつめた。島嶼陥没論、それでよろしい」（『縄文の世界』）。明治期以来の湖上住居説を明確に否定することになった。

一九五九年の夏期には、六月一日から一〇月三〇日にかけて資料採集に主力をおいた調査が続いた。その成果は石製品で道具と考えられるもの一六七九点、石器製作のときに出た破片である剝片《はくへん》・小石核《せきかく》約五〇〇点、その他石片は大きめの段ボール箱に数杯ほどになった（図23）。

その成果をもとに藤森は、戦後本格的に学界復帰をかなえた論文「諏訪湖底曽根の調査」（『信濃』一二巻七号、一九六〇年）を書き上げた。まずナイフ型石器・尖頭器《せんとうき》・石掻といった旧石器時代の遺物から曽根の起源をさかのぼらせた。採集した多くの石鏃は大きく剝片鏃・長脚鏃・三角鏃の三つに分類し、剝片鏃は尖頭器の一種で古く、三角鏃が爪形文土器（「曽根式土器」と命名）と共伴するらしいことを確認して、編年的な分析をおこなった。そして曽根水没の原因は活断層による沈降と結論づけた。

| 収納箱数 | 石鏃 | 非石鏃 | 掻器 | 両極石器 | 旧石器 | 土器 | 獣骨 | その他 | 石片 |
|---|---|---|---|---|---|---|---|---|---|
| 60 箱 | 1684 点 | 35 点 | 20 点 | 886 点 | 18 点 | 314 点 | 71 点 | 9 点 | 27581 点<br>22757.1 g |

注）「非石鏃」とは、藤森栄一は石鏃に含めていたもの、あるいは分析の段階で最終的に石鏃ではないと判断したもの。
「その他」としたものは、掻器あるいは削器ないし錐状の、二次加工をもつが器種を不明とする一群。

**図23 ● 藤森栄一が収集した資料の一部**
左列はすぐみることができるように分類したケース。ケース中のメモ書きは藤森の自筆。右列は大量の剥片類や獣骨類をさらに小箱に分け、あるいは大箱に収納した状態。こうした箱が大小60もある（表中の点数はその後検証し修正した数）。

## 諏訪湖の大きさは変動した？

しかし、問題はそう簡単には解決しなかった。諏訪湖から五〇メートルほど離れた旅館街の一角で弥生土器とたくさんの鹿骨、鹿角製ノミなどが出土してきたことから、ふたたび藤森は考え直すことになる。

「いまの諏訪湖からへだてること、わずかに五十メートルそこそこ、こんなところは私の記憶にあるかぎりヨシやマコモのはえた沼沢地だった。温泉旅館地帯としてこの湖畔が拓かれたのは、大正も末年のことである。いわんや、二千年をさかのぼる弥生時代としたら、当然、満々たる大湖のはずである。それなのに、土器も骨もはじめからまったく擦れていない原位置、つまり再堆積ではないのである。層序をよく見ると、その包含する漆黒土の文化層は、現地表下五・五メートル、今だって当然湖面下四メートル、現湖底は最深ポイント七メートル、平均すると三・五メートル、つまり現湖底よりも低いのである。私は呆然と坑側にすわりこんだ」（『考古学とともに』）

湖に土地がそのまま沈んだのかと論争されてきた曽根遺跡だが、当時は湖面が低く湖が小さかったと考えれば、もっとも簡単で問題はない状況だ。この考えを裏づけるべく、遺跡の年代別の垂直分布図の作成作業がはじまった。

できた論文が、一九六五年『地学雑誌』七四巻第二号に発表した「考古学的資料よりみた沖積世における諏訪湖の水位変動」であった（**図24**）。この中で藤森は、旧石器時代以降、諏訪湖は五度の増水期、つまり諏訪湖が大きくなる時期と、四度の減水期、つまり諏訪湖が小さくなる時期をくり返し、現在は五度目の小さな湖の時期と考えた。たいへん興味深い呈示であったが、そのような水位変動を導いた理由・主因の解明にはいたらず、「今後地学分野の研究者と共同して早急に解決することが、本研究を最終的に完結させる意味からも、是非必要なことである」と結ぶのが限界だった。

とはいえ、藤森の遺跡立地から古環境を復元するという新たな研究によって、曽根遺跡の陸上説は確定した。考古学的な遺跡群研究の一つの大きな成果であった。そして曽根成因の研究は新段階をむかえたことにちがいなく、十分に吟味すべききわめて重要な視点を含んでいたといえるのである。

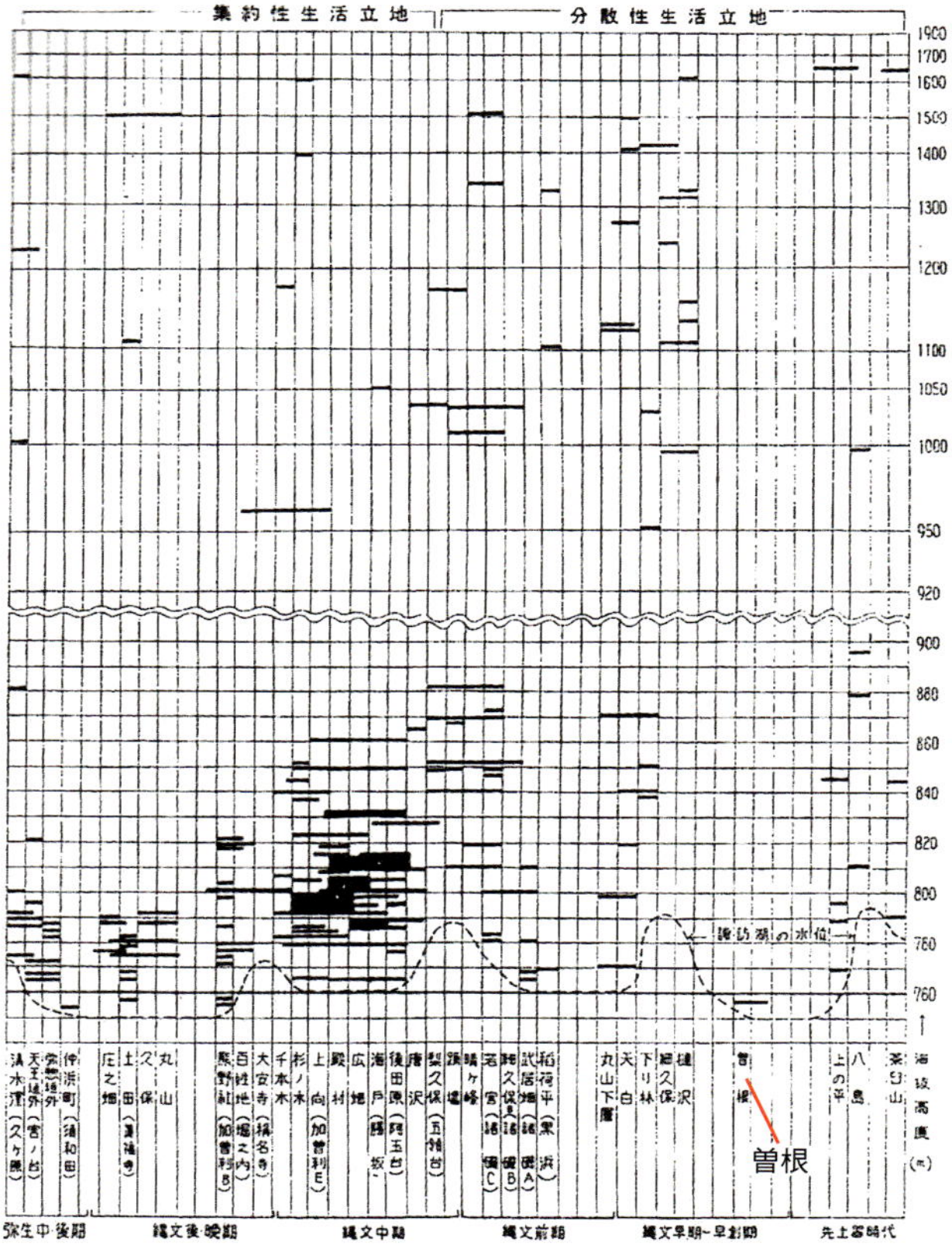


**図24●諏訪盆地周辺の遺跡の垂直分布図**
縦軸が海抜高度、横軸が時期を示し、太い横線が各文化期の遺跡の高度を示す。下の破線は諏訪湖の水位を示している。これにより、諏訪湖の拡大した時期と縮小した時期のあることを説明した。

# 第3章　曽根遺跡を探究する

## 1　ふたたび曽根へ

### 曽根調査の実態は

『旧石器の狩人』は、藤森栄一が旧石器時代を追い求めた研究者たちの熱い姿を描き出した名著である。曽根遺跡の発見からはじまり、謎の解明に情熱を燃やした人びとを紹介する。そして曽根遺跡に関する記録も大半がそこに網羅された、と思われてきた。

しかし、本当にそうなのか。多くの学者がかかわり、石器時代研究に与えた影響は大きいが、調査の歴史や遺跡の実態はどうなのか。じつは意外なほどにその詳細は不明だった。曽根遺跡は、長野県で最初の学術的調査、しかも初見の水中遺跡、また最初の石器時代論争と、初物づくしで知られるわりには、あまりに淋しい現実だった。諏訪湖畔に建てられた小さな看板が沖合に遺跡の存在を知らせるのみで、地元でも意識の中から遠のいていた。

## 曽根遺跡研究会を立ち上げる

そんな曽根遺跡を私たち諏訪地域の考古学研究者が研究することになったきっかけは、「遺跡には感動がある」をキーワードにはじまった本シリーズの刊行だった。刊行開始直後の二〇〇四年二月、シリーズ監修者の戸沢充則が諏訪を訪れ、教えを受けた研究者が集ったときのことである。諏訪を代表する遺跡は何だろうかという話題になり、諏訪という地域とその考古学研究を語るのにふさわしい遺跡として曽根遺跡の名が出た。

曽根遺跡の発見と坪井正五郎を招いた調査は、少なくとも諏訪や長野県の近代考古学の大きな第一歩と位置づけて間違いなかった。「この際、徹底的に曽根を調べてみよう！」という声があがり、「曽根遺跡研究会」を立ち上げることになったのである。一九〇八年に曽根遺跡が発見されて一〇〇年目を迎える目前だった。

曽根遺跡研究会は、三つの研究の柱を掲げ、最終的に研究書の作成を目標とした。一つは、調査の歴史をできるかぎり明らかにする（**表2**）。二つ目は、国内各所に所蔵されている曽根の遺物の所蔵先を明らかにする（**表1参照**）。そして三つ目は、藤森栄一が後半生を費やして掻き上げた膨大な資料の記録化である（**図23参照**）。

こうして曽根遺跡研究会は活動を開始し、二〇〇九年三月、研究の成果を『諏訪湖底曽根遺

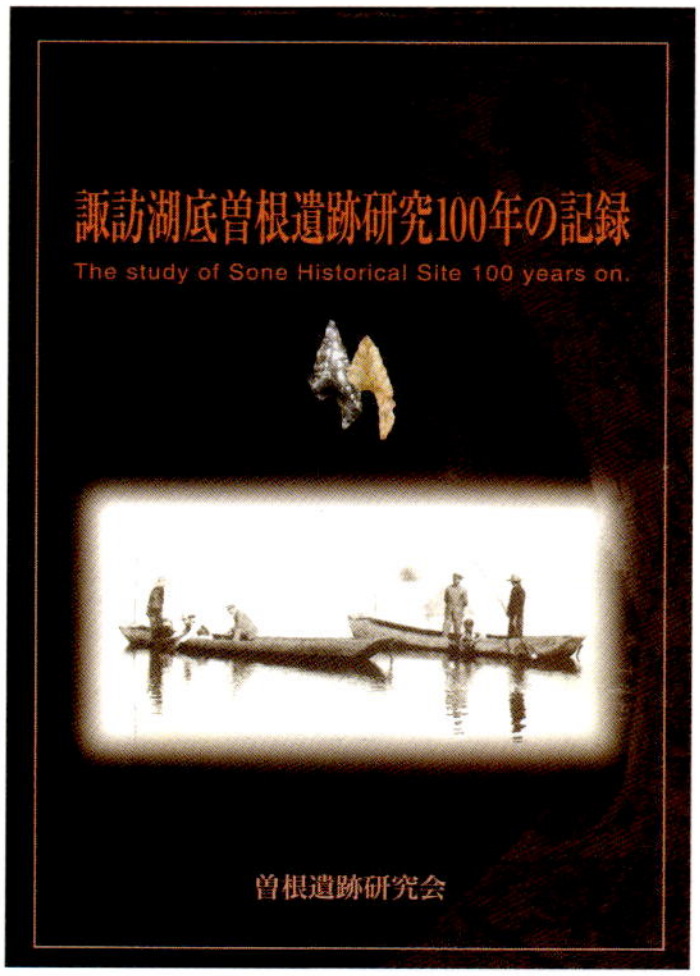


**図25 ● 研究書『諏訪湖底曽根遺跡研究100年の記録』**
諏訪地域の研究者を中心とする曽根遺跡研究会の成果。

## 表２ ● 曽根遺跡の調査年表

| 調査期間 | 調査者 | 出典など | 調査内容 |
|---|---|---|---|
| 1908(明治41)年<br>10月24日 | 橋本福松 | 橋本福松<br>1909「諏訪湖底より石器を発見す」<br>『東京人類学会雑誌』278号 | 午前中30分ほどの調査で、2個の石鏃を発見。<br>他多数の原石発見。かつて一丘陵であったと仮説。 |
| 1909(明治42)年<br>5月18日 | 坪井正五郎、松村瞭、橋本福松、<br>両角新治、小澤孝太郎 | 坪井正五郎<br>1909「諏訪湖底石器時代遺跡の調査」<br>『東京人類学会雑誌』279、280、283、285号 | 調査の経過、並びに結果。石鏃114本の分類報告。<br>夕方、諏訪中学にて講演。 |
| 1909(明治42)年<br>6月2日 | 保科五無斎、橋本福松、<br>小澤孝太郎、三澤輝雄 | 保科五無斎<br>1909　「長野県地学標本採集旅行記」<br>『信濃公論』24～48号 | 二艘の舟に分乗して、五無斎舟では石鏃40有余と有紋土器の破片2個、橋本舟では70個程度を採集。 |
| 1909(明治42)年<br>6月3日ごろ | 小澤孝太郎 | 「諏訪湖の石器土器」<br>信濃毎日新聞1909年6月5日 | 「上諏訪町の考古家小澤半堂氏は某の需に應じ去る二日より二日間漁舟に乗じて大和なるソネの湖底を探り石鏃の外に模様ある石器及び穴のある小石等数百個を探り揚げたる…」 |
| 1909(明治42)年<br>7月6日 | 神保小虎、田中阿歌麿 | 記事「神保博士等の諏訪湖底調査」<br>『東京人類学会雑誌』280号 | 「右を調査せん為去る4日頃神保理科大教授並びに田中子爵は彼地に赴かれ、…水上住居には非ずして、土地の押出しに基づく結果には非ずやとの事なり。」 |
| 1909(明治42)年<br>7月21日ごろ | 坪井正五郎、橋本福松、両角新治、<br>小澤孝太郎 | 坪井正五郎<br>1910「諏訪湖底石器時代遺物考追記」<br>『東京人類学会雑誌』287、288、289、291号 | 石鏃総数726点の分類。遺跡範囲の広がりも考察。 |
| 1909(明治42)年<br>9月16日 | 野中完一、小平雪人 | 現・東京国立博物館収蔵資料 | 旧・二条基弘の考古学遺物陳列所「銅駝坊」の旧蔵品。 |
| 1909(明治42)年<br>12月31日 | 鳥居龍蔵、栗岩英治、両角新治 | 栗岩英治連載「信濃考古紀行<br>理科大学講師鳥居龍蔵氏同伴」<br>長野新聞1910年１月17日～ | 鳥居と栗岩が諏訪で12月30日の晩、両角新治と会い、曽根の談義をし、翌31日に3人で曽根に出向いた。 |
| 1920(大正9)年<br>8月29日 | 鳥居龍蔵、橋本福松、今井登志喜、<br>今井真樹、田中一造、両角守一、<br>八幡一郎、宮坂光次、小平雪人 | 「鳥居氏曽根探査」信陽新聞夕刊<br>1920年8月30日 | 漁舟3隻、ボート１艘で「土器・石鏃等多数の遺物を採集したり」。 |
| 1929(昭和4)年<br>7月24日 | 伏見宮博英、小平雪人、両角守一、<br>藤森栄一 | 「暴風雨中の湖中御探査」南信日日新聞<br>1929年7月26日付 | 上羽教授、小平雪人が伏見宮と一緒のボートに乗る。<br>しかし、暴風により調査自体は断念。 |
| 1942(昭和17)年<br>8月19日 | 渋沢敬三、今井登志喜、宮坂英弌 | 宮坂英弌　1957<br>『尖石』　茅野町教育委員会 | 日本銀行副総裁渋沢敬三、尖石遺跡踏査の後、諏訪湖に至り曽根遺跡を調査。宮坂英弌もこれに参加。現在、国立民族学博物館に所蔵される、57点の石鏃は、この時のものの可能性大か？ |
| 1942(昭和17)年<br>9月17日 | 宮坂光次、長谷川茂実 | 湖底実測図 | 湖底地形測量調査。 |
| 1947(昭和22)年<br>8月 | 戸沢充則、青木茂人、金松直也、<br>手塚昌孝、長谷川茂実 | 戸沢充則　1948<br>「曽根遺跡研究」『清陵考古学』創刊号、<br>長野県諏訪清陵高等学校地歴部 | 10日間ほど、延べ約9時間で、完形石鏃69点、土器23点を採集。この成果にもとづき、過去の研究成果を検証しつつ、100万年間の諏訪湖の変化に曽根を位置づける。 |
| 1952(昭和27)年<br>～59(昭和34)年 | 第1回<br>1952年7月<br>藤森栄一、戸沢充則 | 藤森栄一　1959<br>「諏訪湖底曽根の石器について」<br>日本考古学協会第23回総会研究発表要旨 | 「昭和27年7月、筆者は戸沢充則君の案内で、妻と娘3人を助手に二艘の舟で調査を行なった。」 |
| | 第2回　1953年9月<br>藤森栄一、長谷川茂実、<br>明治大学学生 | 「諏訪湖の底に一万年<br>考古学研究所員ら曽根遺跡を調査」<br>南信日日新聞1953年9月13日 | 冬の測量調査を始めるための予備調査。 |
| | 第3回<br>1954年2月6日～22日<br>藤森栄一、長谷川茂実、松沢亜生 | 「湖底の曽根遺跡調査形態、陥没原因なども究明」諏訪考古学研究所日誌、南信日日新聞1954年2月13日 | 氷上からの地形測量調査。4月5日と8月3日に補足調査。 |
| | 第4回<br>1955年1月20日～2月10日<br>藤森栄一 | 「諏訪湖曽根遺跡の全貌判る<br>第二回調査で貴重な資料を大量発見」<br>南信日日新聞1955年２月10日 | 氷上からの採集調査。旧石器時代遺物の存在をはじめて確認。 |
| | 第5回 1959年1月20日～30日<br>藤森栄一、長谷川茂実、<br>戸沢充則、松沢亜生 | 藤森栄一　1964<br>「長野県諏訪市曽根遺跡」<br>『日本考古学年報12　昭和34年度』 | 長谷川茂実、学生であった戸沢充則・松沢亜生の協力の下の測量調査。「精緻な湖底実測図」が完成。 |
| | 第6回<br>1959年6月1日～10月30日<br>藤森栄一 | 藤森栄一　1964<br>「長野県諏訪市曽根遺跡」<br>『日本考古学年報12　昭和34年度』 | 「助手は漁師の数野さんがやってくれた」 |
| 1978(昭和53)年<br>5月28・29日 | 平田貴正、赤木克行、浅野　毅 | 平田貴正・赤木克行・浅野毅　1978<br>『諏訪湖底曽根遺跡調査報告』 | はじめての潜水調査で、層位を確認。 |

跡研究一〇〇年の記録』（長野日報社）と題して刊行した。以下の記述は、この研究に携わった多くの仲間たちとの研究の成果である。

## 2 みえぬ湖底の生活の跡

### 遺跡の範囲と空間利用

南北約三五〇メートル、東西約二一メートルの長楕円形。これが諏訪湖北東部、千本木川の流れ出る沖合い約五〇〇メートル、水深約二メートルに半島状に突き出た湖底の遺跡がのる微地形の範囲である。

そもそも湖底にありながら、湖面からでもわかる目安があった。一九七〇年ごろまでは、砂利場を好んで夏に咲く水草セキショウモがまさにこの地に繁殖し、曽根の位置を教えてくれていた（**図26**）。この砂利場こそ蜆の住み処に好適で、橋本福松はその範囲を諏訪湖図に正しく記録していた。そして坪井は、その橋本の図を写しとったうえで調査に臨んだのである。

ただし、この遺跡範囲で満遍なく遺物が採集できるわけではないことは、当初から坪井も気にかけていた。坪井は、小澤半堂や両角新治などが遺物とともに送ってくる採集地点の情報を重んじた。そして採集箇所は何カ所かに集中することに注意していた。

やがて高校生の戸沢充則は、宮坂光次と長谷川茂実の作成した湖底地形図に遺物の分布をくわしく書き込み、つぎの諸点を導きだした。

・遺物は一様に分布しない
・遺物のもっとも濃い集中地点は東寄りの北方
・最高部付近、つまり遺跡の中央部にほとんど遺物はない
・最高地点の北西、および南東方向に遺物の散列地がある
・斜面地にも遺物が認められる
・焼土のほかにも多量の木炭片があり、焚火の痕跡である「炉」の存在を推定できる

より正確な湖底地形図は、先にもふれた冬季の氷上からの調査による藤森栄一の成果である。

橋本（坪井）と戸沢、そして藤森の図を重ねてみると、ほぼ一致する姿が描きだされる（図27）。まったくみえない湖底であるが、A地点からはおびただしい遺物がみつかり、B～D地点にも集中的な散布状況が確認でき、ここが石器製作の場と考えられる。遺物空白部には焼土があることから日常生活の場と推測でき、計画的な空間利用のようすがみえてくる。

**図26** ● **セキショウモの繁殖**
湖中手前の緑色にみえるのがセキショウモ。ここが曽根遺跡の場所になる（1965年8月、服部久美氏撮影）。

## 遺跡の層位

湖底遺物をさらった先達たちは、むやみに遺物をすくいあげていたのではなかった。鋭く感性を集中させて、微細な情報を見逃さなかった。おぼろげながらも、みえぬ層位に重要な所見を導いている。

鋤簾による蜆の捕獲により湖底面の攪乱・削平は著しいが、もとより削平の深度は高い部分はより深く、低くなるにしたがって浅くなる。戸沢は丹念にすくいあげた湖底土壌を観察していた。曽根最高部付近はすでに粘土層が露出していた。その外側は火山砂利混じりの粘土層、さらに外側にいくしたがって泥土の堆積が厚くなる。そのように層序の順番を想定した。

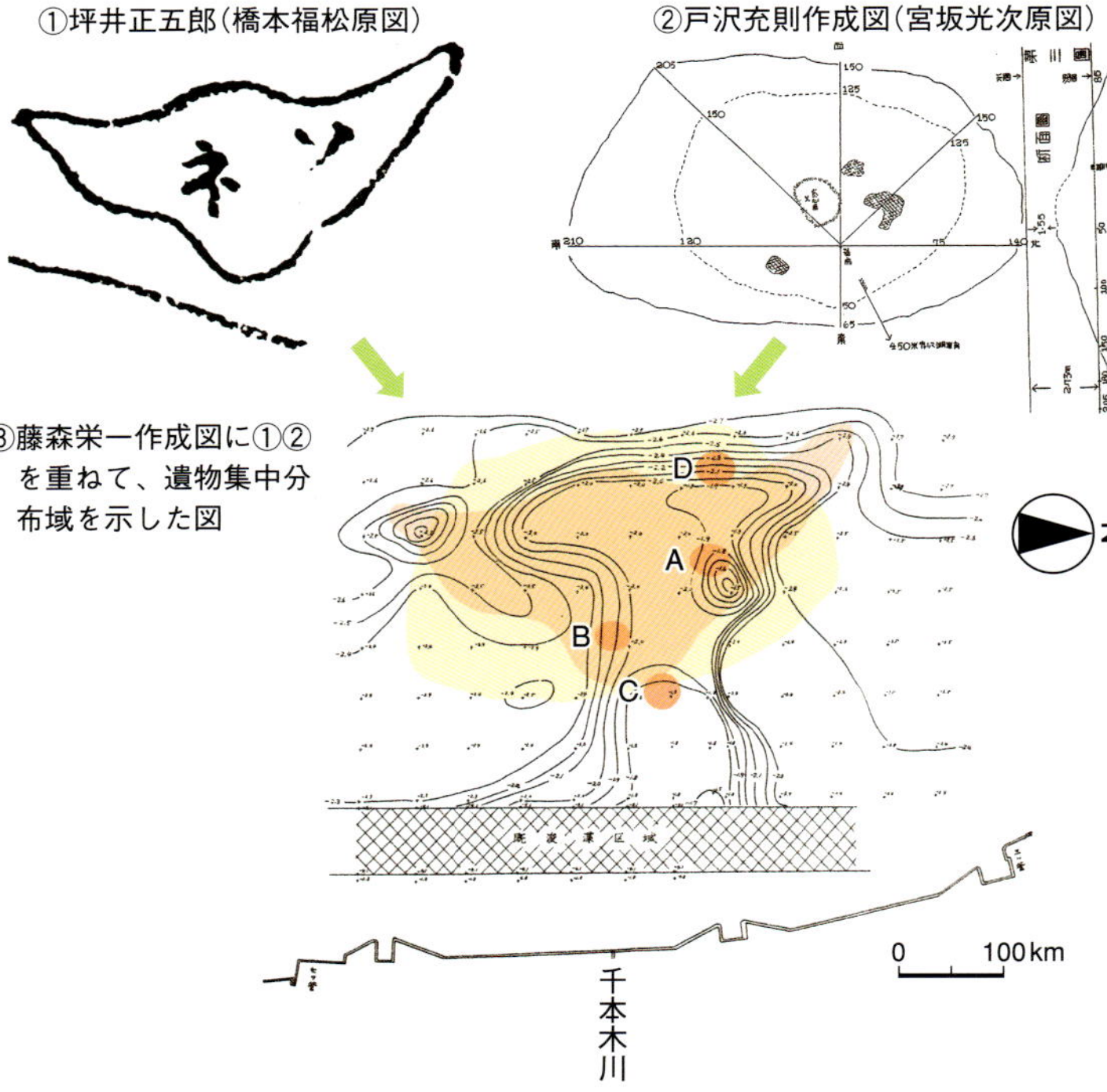

①坪井正五郎（橋本福松原図）

②戸沢充則作成図（宮坂光次原図）
③藤森栄一作成図に①②を重ねて、遺物集中分布域を示した図

**図27 ● 曽根遺跡の地形図と遺物の分布**
①は坪井正五郎が書き写した諏訪湖図から曽根遺跡の部分を拡大したもの。①②とも③藤森栄一図とよく照合している。

藤森は一九五四年の調査の際、北辺に近い地点で多量に遺物を採集したのは、粘土層の下からと判断した。さらに、その石鏃の多くが三角鏃であることにも注意している。

こうした層位については後に、アクアラングをつけて実際に湖底に潜った立正大学の学生が確認して裏づけられた（**図28左**）。

**図28右**はこうした所見の結果である。Ⅰ層の砂層は水没後の堆積物で、砂質黒土のⅡ層が縄文時代草創期の遺物をもっとも多く含み、Ⅲ層が粘土層で三角鏃や土器がたくさん出土して、草創期でも古くに位置づけることができる。そして旧石器時代の遺物が出土したことは、その下のⅣ層下部にローム層の存在を推測できる。

残念ながら遺物のすべては鋤簾による採集なので、厳密な層序との対比はできない。しかし、おそらくこの層位ごとに、次節に述べるような、曽根の暮らしが連綿と続いていた。

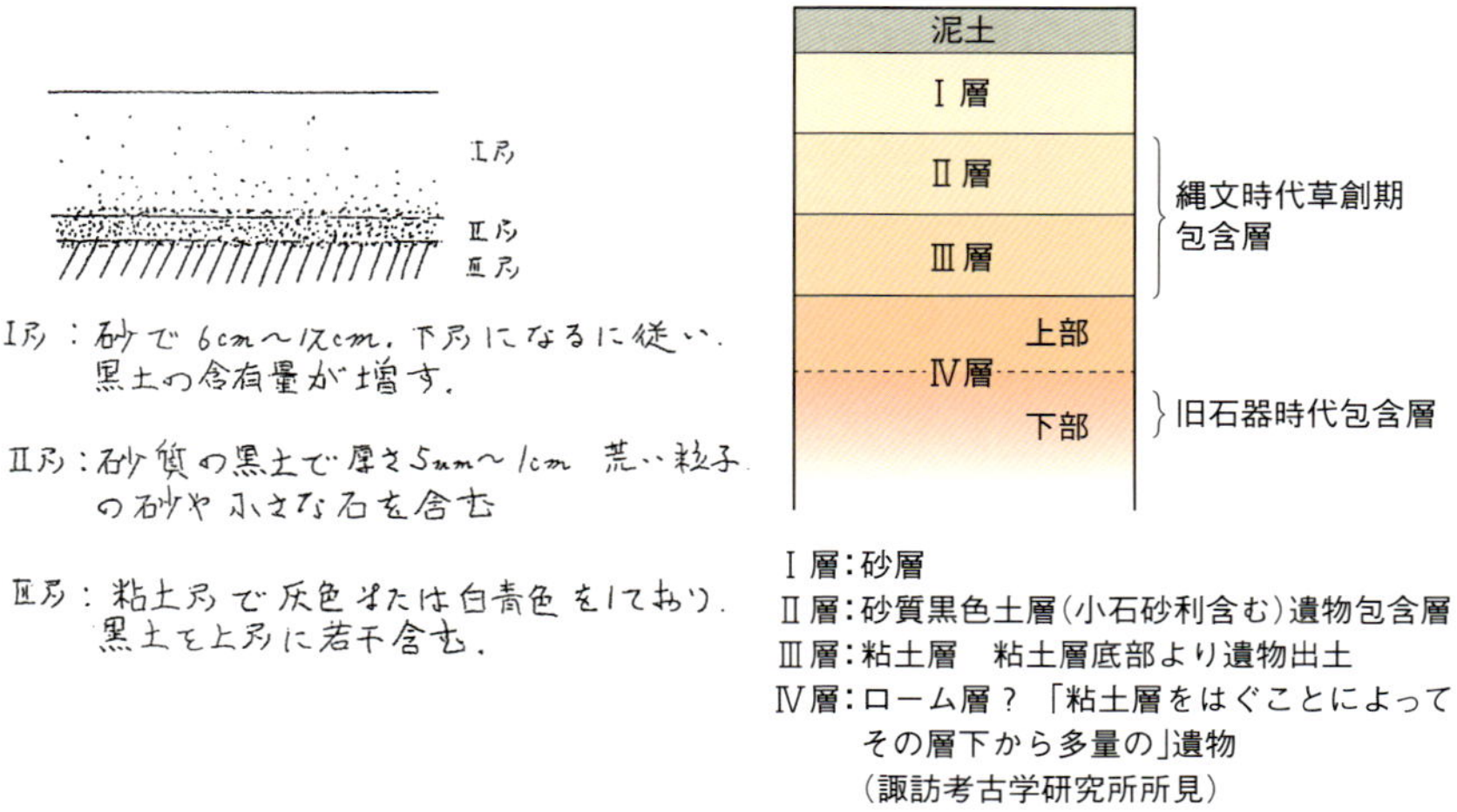


**図28 ● 曽根遺跡に想定される層序**
左は、湖底に潜った立正大学生が報告した層序。
右は、調査所見などから総合的に推定した層序。

## 3　曽根の暮らしは旧石器時代から

### 曽根でみつかった旧石器

曽根ではいつから人びとの暮らしがはじまったのか。出土した石器からみていこう（図29）。五点の「台形様石器《だいけいようせっき》」がもっとも古い。藤森は「ノミ形石器」と称し、戸沢が「台形石器」とよんだこの石器は、現在の研究では後期旧石器時代前半期、実年代では約三万五〇〇〇年前にさかのぼると考えられている。名称はその形状に由来していて、木の柄をつけて突く・切る・削るなどの用途に使われたと想定されている。近くでは霧ヶ峰の遺跡でみつかっているが、諏訪盆地ではもっとも古くに位置づけられ、遺跡の数もきわめて少ない。曽根遺跡はこの小さな盆地で最初の狩人たちが住みついた場所と考えて間違いなさそうなのである。

その後、石器は、切り出し小刀のような「ナイフ形石器」へと移行する。とくに、片方の側縁はナイフの刃のような鋭く、もう一方の側縁はあたかも使用の際に手を切らないように鈍く潰した特徴を示すものを「茂呂《もろ》系ナイフ形石器」（最初の発見地、東京都茂呂遺跡にちなんだ名称）といい、曽根遺跡からは四点出土している。文字どおりナイフや槍先などの刺突具に使われたと考えられる石器で、後期旧石器時代後半期、約二万九〇〇〇年ほど前からにあたる。

つぎに「尖頭器」の時代を迎える。槍の先端につけられたと考えられるこの石器は、加工の方法によって両面加工尖頭器、片面加工尖頭器に分類され、曽根遺跡からは前者が四点、後者が五点、不明一点の計一〇点が出土している。約二万年前から一万五〇〇〇年前ごろにあたる。

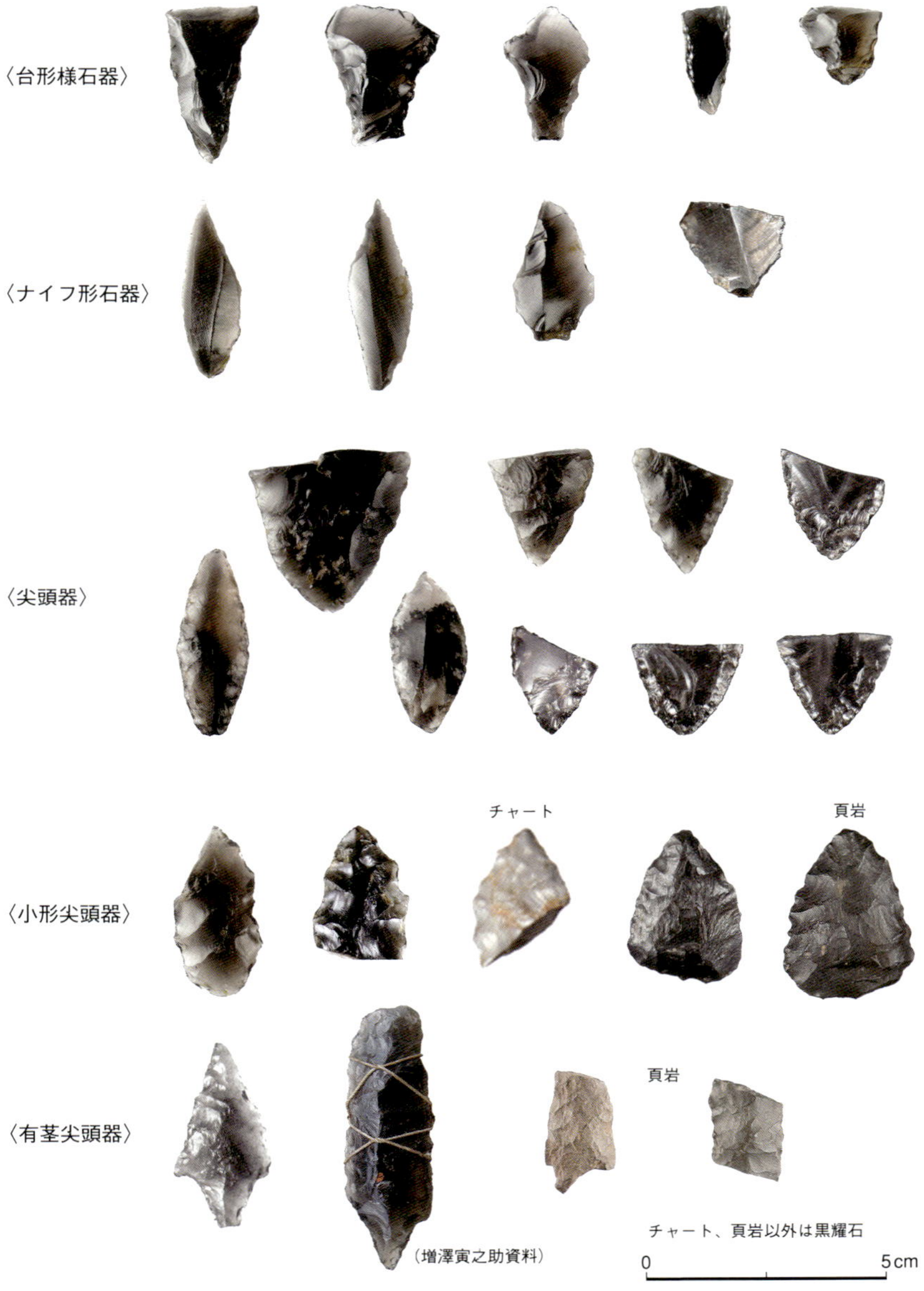


**図29 ● 曽根遺跡から出土した後期旧石器時代の石器**
上段から下段にむかって時代が新しくなる。けっして多くはないが、旧石器時代の狩人の痕跡がよくわかる。この時代の資料はまだ多くが湖底に眠っている可能性が大きい。

諏訪盆地では、尖頭器が出土する遺跡が諏訪湖の東岸、標高九六〇〜七八〇メートルの山麓地帯に集中するが、曽根遺跡での発見は、その文化も水辺に広がっていたことを示している。尖頭器はやがて「小形尖頭器」「有茎《ゆうけい》尖頭器」へと変化する。曽根遺跡では一四点出土している。尖頭器の大形と小形の違いは、槍の使用方法の違いと考えられる。手持ち槍から投げ槍への変化である。投げ槍の先として小形化は、理にかなっている。

この小形化の延長に、曽根遺跡の特徴である石鏃の出現となってくる。弓矢は投げ槍からさらに飛距離と貫通力を強化した道具といえる。つまり「小形尖頭器」「有茎尖頭器」は、旧石器時代から縄文時代への確かな橋渡しなのである。そして、この直後に曽根の盛時が訪れる。

## さらに古い石器がみつかるかも

以上みてきた旧石器の石材の大半は黒耀石である。観察した宮坂清は、台形様石器の剥離面が妙にピカピカした光沢をもっていることに気づいた。たしかに多くの石鏃は表面が磨りガラスのようにくすんでいるのとは大違いである。このくすみは表面が水を吸収して光沢を失った層＝水和層（パティナ）らしいが、台形様石器には水和層がほとんどなかった。

宮坂は、つぎのように推理した。より深い地層中に包含されていた台形様石器は、水磨などの二次的な影響を被る時間が短い状態で湖底から引き上げられたからではないかと。だとすると、曽根の湖底の土の中には、まだ旧石器時代を中心とする遺物包含層が、蜆採集の被害をまぬがれて、そのままに残っている可能性がとても大きい。

## 4　縄文時代草創期の単純な土器

### 爪形文土器のみ出土

「識別される模様は悉く皆爪形であると云うのは大いに注意すべきことと思ひます」

曽根遺跡発見当初に、坪井正五郎が土器片をみた所見である。すでにこの時、混じりけのない一様で単純な土器の集まりという特徴に気づいていた。現在、その土器は「爪形文土器」と称される。まさに人の爪を押しつけたような文様を、連続して施している。

明治から大正年間、土器の特徴の違いは用いた民族の違いであるとした鳥居龍蔵の考えが、広く学界を支配していた。昭和に入って八幡一郎は、時間の差として縄文時代の最古段階に比定した。その後、新潟県の小瀬ヶ沢《こせさわ》洞窟や長崎県の福井洞窟遺跡などの調査から、八幡の見解の正しさが立証されて、爪形文土器は隆起線文《りゅうきせんもん》系土器群につぐ最古の土器、草創期土器群への編年的位置が定まっていく。

### 爪形文土器の分類

藤森栄一が収集した三一四点の土器片のうち、文様を認めることができる資料一〇〇点は「ほぼ純粋に爪形文のみ」とあらためて確認できた。田中総は、同じ爪形文土器でも、文様の施文方法や施し方によりバラエティーがあることを示した。

まず爪形の文様のつけ方と形から三つの特徴に分類した。

「爪形A」：横断面が曲線の棒状の工具を器面に斜めに押しつけた結果、文様が「D」か「C」字形に刻みだされる一群。施文間隔には粗密がある。

「爪形B」：Aと同じ施文具を器面に対して垂直に押しあて、爪形の字形がきれいな弧線となる一群。同じく施文間隔には粗密がある。

「爪形C」：ヘラ状工具を器面に対して垂直に押しあてたもの。曽根では少数派。

また爪形文以外の文様との関係から、第Ⅰ群から第Ⅲ群の分類をみちびいた（図30）。

第Ⅰ群土器：純粋な爪形文で、同一方向に爪形文を施し例外なく多段のもの（a類）と、異方向に組み合わせた爪形文でハの字形ないし羽状《うじょう》施文したもの（b類）がある。

第Ⅱ群土器：胴部に沈線文を施したもので、一点のみある。

第Ⅲ群土器：無文土器（円形の刺突が口縁部に施される一点も含む）。

## 土器の変遷

さて、以上のバラエティーを示す爪形文土器が、同一時期のものか時間幅をもつものかが問題となる。この点については、以下の諸点を根拠に推察できた。

①口唇直下にあるハの字文は、長野県上高井郡高山村の湯倉洞窟《ゆぐらどうくつ》遺跡から出土した縄文時代草創期の爪形文土器より古い隆起線文土器と一緒に出土した爪形文とよく似ていた。つまり、隆起線文土器にきわめて近い時期に続いて登場した文様といえる。

②一点の「爪形C」は、小瀬ヶ沢遺跡で「疑似爪形文」と称された土器と類似しており、最

下層から出土した。

③爪形文を密接して施したものと類似のものが、長野県木曽郡上松《あげまつ》町のお宮の森裏遺跡から出土している。この遺跡は、時代的に爪形文土器に後続すると考えられる、縄文を多用する「多縄文系土器群」を主体とする時代の遺跡である。したがって、この時期まで爪形文が続いていたことを物語る。

以上のことから、爪形文土器は時間幅をもつことがわかり、①②は古相のもので、③は編年的につぎにくる多縄文系土器に近いものと考えることができた。こうして、つぎのように編年を想定できた。

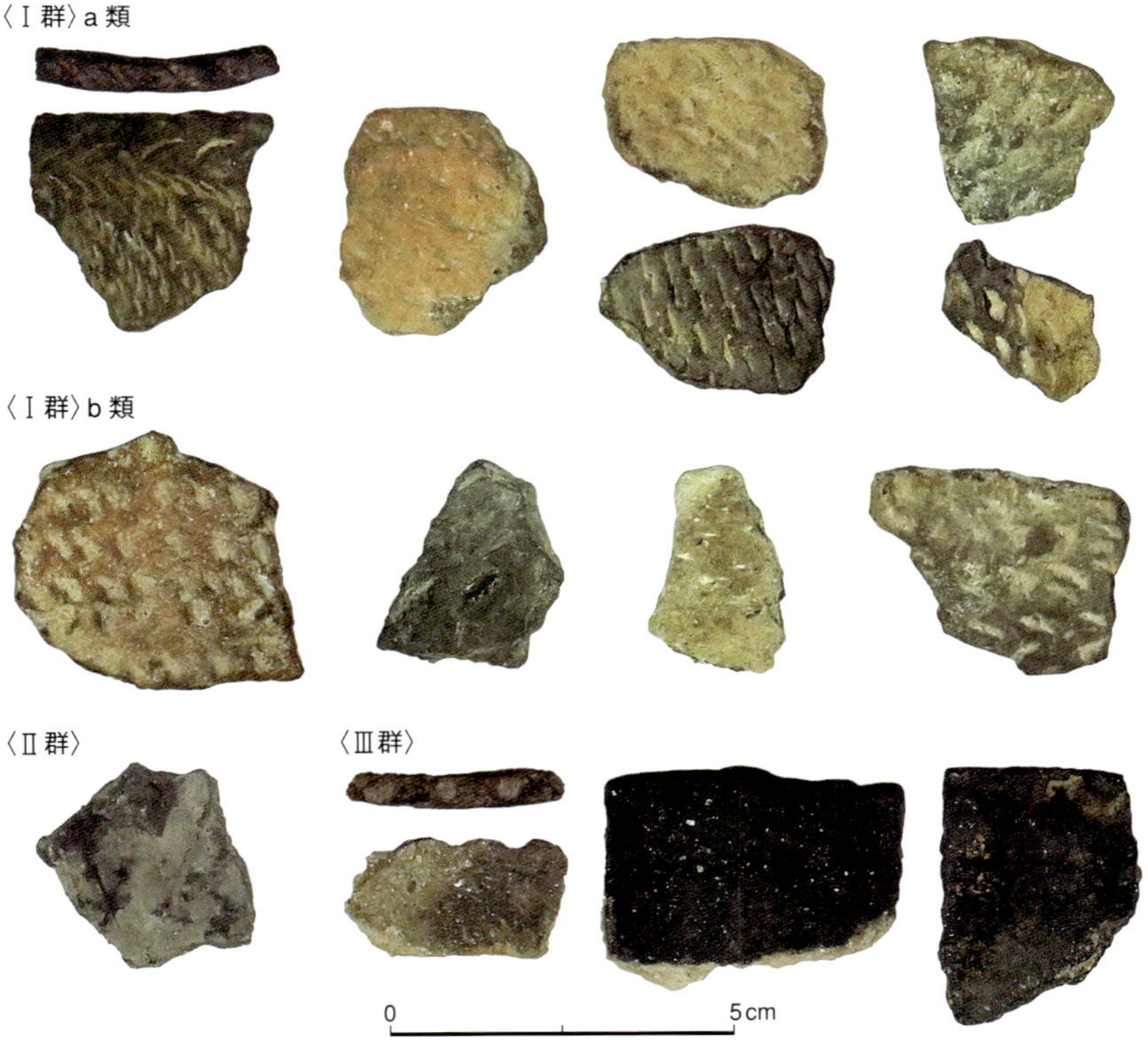


**図30 ● 曽根遺跡から出土した土器**
薄い作りが特徴であると古くから注意がむけられていた。大半は爪形文で、なかには沈線文のあるもの（Ⅱ群）や文様のないもの（Ⅲ群）が少数ある。

## 編年的な課題にむけて

いささか専門的な話になってしまうが、縄文土器研究では、最古の縄文土器の一角にある爪形文土器が、単独で存在した時期があったのか、いやそうではなく、隆起線文系土器や後続する多縄文系土器など他の土器群にともなう、いわば併存していたのではないか、という編年研究の課題がある。

とくに関東地方北部での最近の事例では、爪形文土器には厚手・薄手の二つのタイプがあって、厚手（下宿式《しもじゅく》）は単独で存在し、薄手は多縄文系土器と伴出（宮林式・西谷式・西鹿田式）するといわれている。

しかし、曽根遺跡出土の爪形文土器は最大器厚が平均四ミリと薄手中心で、従来の考えにしたがえば多縄文系土器をともなうはずが、曽根遺跡からはまったく出土しない。しかも曽根の近隣に片羽町《かたはちょう》A遺跡という多縄文系土器群が出土する遺跡があり、共伴しておかしくない。

ということは、曽根遺跡の爪形文は単独で存在した、との推定もできることになる。曽根の薄手爪形文土器は、隆起線文系土器に非常に近い時期から多縄文系土器に近い時期まで、ある時間幅をもって単独で存在した可能性が強いのである。

厚手・薄手の違いがどこからくるのかという由来に関する課題を残すが、曽根の爪形文土器は草創期に確かな時期をもつものと考えられる。そうすると考古学的に一定の年代を示す指標＝土器型式として、藤森が提唱した「曽根式土器」にふたたび光を当てる可能性がでてくるのである。

## 5　美しく、大量の石鏃

### 膨大な量をあらたに分類・分析

藤森資料の石鏃の総数は一六八四点。そのうち完成品一二五九点（完形品三二九点、欠損品九三〇点）に対して、未成品が四二五点もあり、二五パーセントを占める。ここで石鏃を作っていたことの証しだ。

作り方や形態は、すでにふれたようにバラエティーがあり、藤森栄一は、両脚が内側に曲がる円脚鏃、身より脚のほうが長い長脚鏃、脚は短いが身の長い長身鏃、正三角形に近く抉《えぐ》りのない三角鏃、そして周辺の加工しかない剥片鏃、と分類していた。

この膨大な石鏃をあらためて分類・分析していった。中島透と河原喜重子の挑戦である。

藤森の分類は、曽根石鏃の特徴をよくあらわしていた。しかし、客観的な基準としては弱かった。個々の石鏃を分類する際、はたしてどれに入れるべきか迷う場面が多く生じたのである。たとえば、長脚とはどれくらいの脚の長さを基準とするか、といった具合である。また一個の石鏃に複数の要素の入る場合もあった。脚は円で身も長い、長脚でありかつ円脚となる、といった例が少なくなかった。

そこで、すべての石鏃を同一の視点で再整理することを心がけた。全体の形が正三角形か二等辺三角形か、縁辺の形状が直線か緩やかなカーブか「く」字のように変換点をもつ屈曲かなどに加えて、鏃長に対する脚の長さ（基部の抉りの深さ）を四分類して、特徴を導いた。

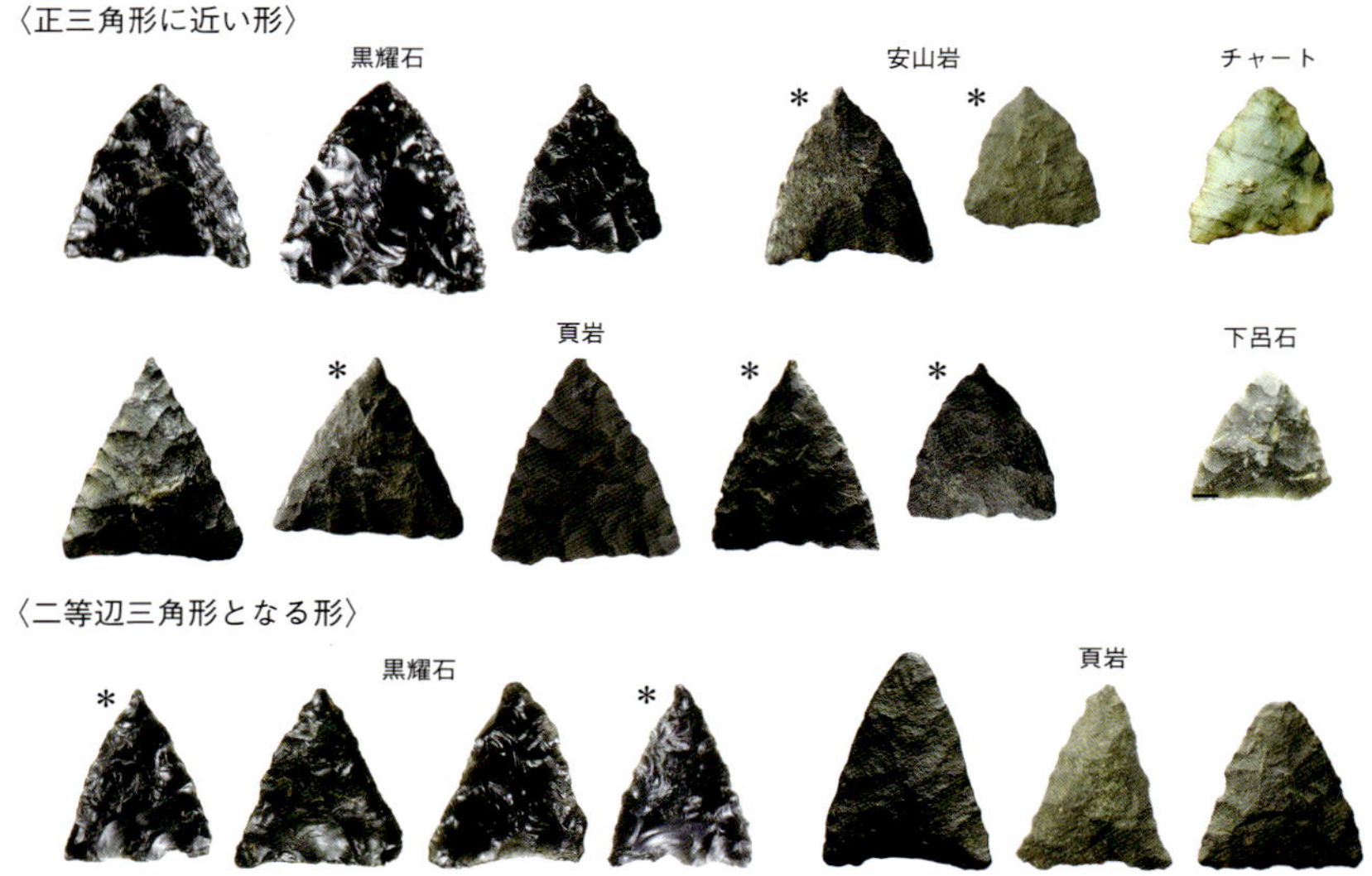


**図31 ● Aグループの石鏃**
黒耀石はほとんどが漆黒と表現できる真っ黒なものが選ばれている（＊は先端部突出。左上端：長さ1.9cm）。

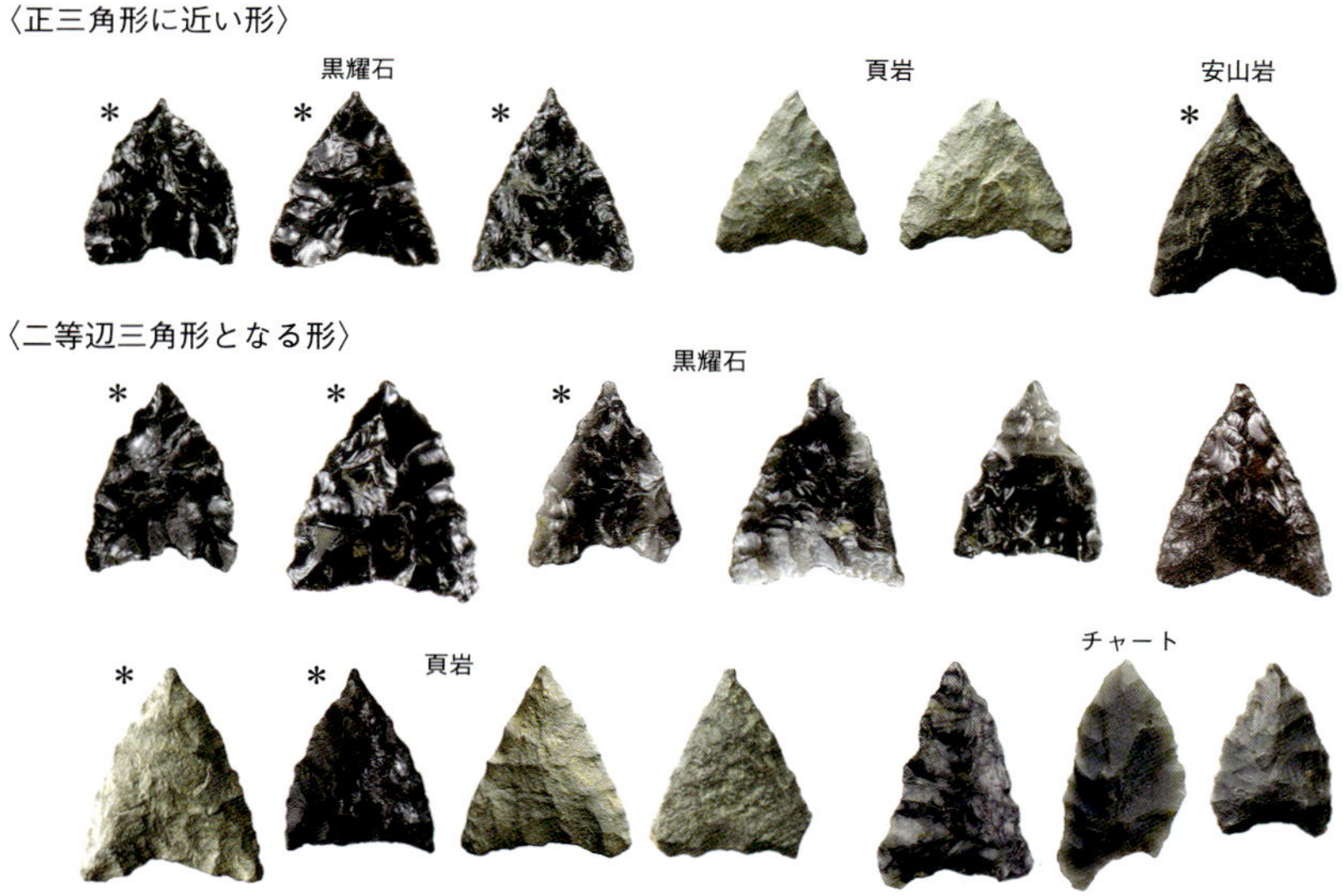


**図32 ● Bグループの石鏃**
基部に浅い抉り込みがある。黒耀石の材質はAグループと共通している（＊は先端部突出。左上端：長さ1.8cm）。

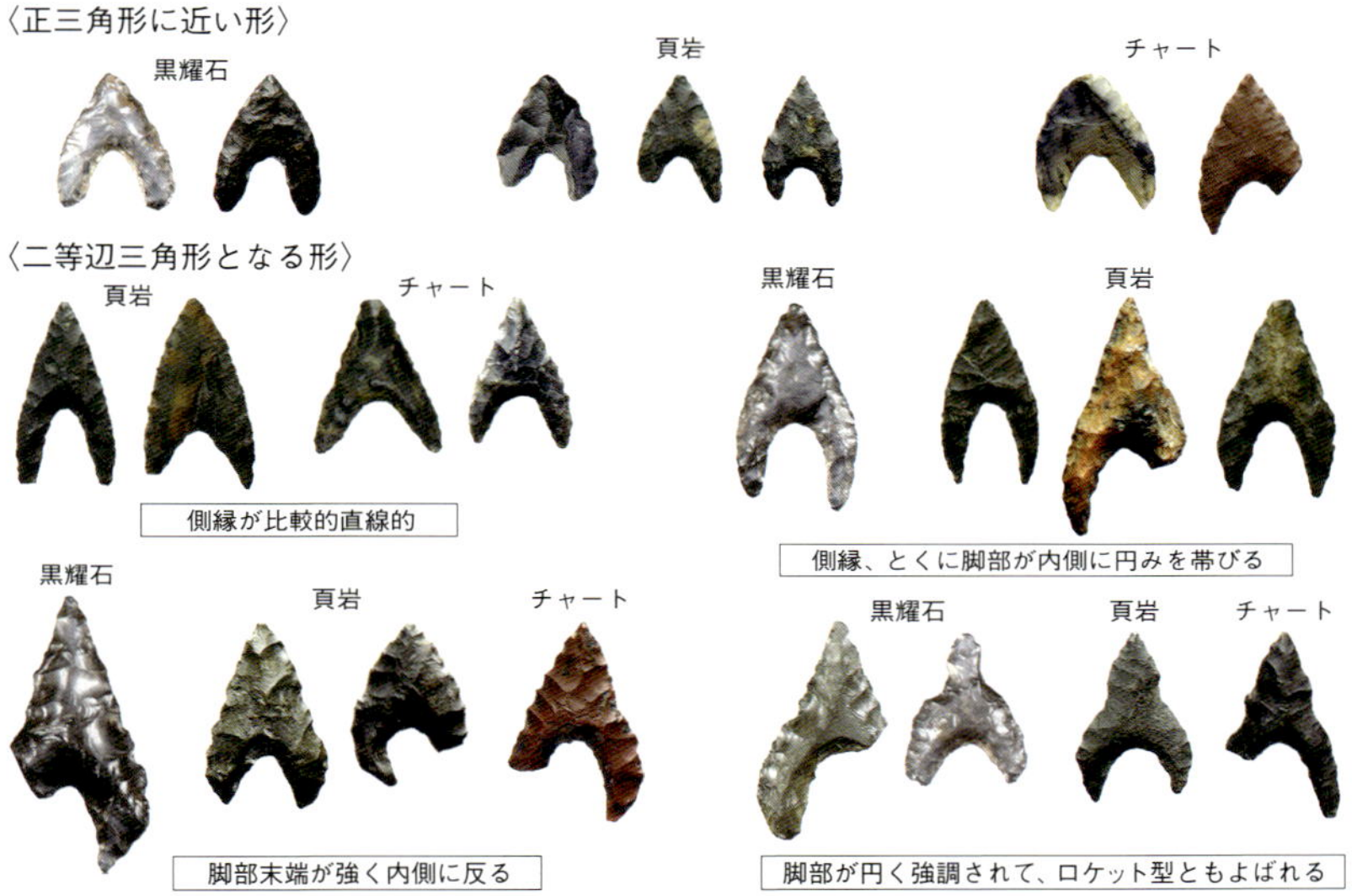


**図33 • Cグループの石鏃**
基部の抉り込みは深く、高い技術力が要求される。内側に円い「円脚」とよばれる脚部なども曽根石鏃の特徴である（左上端：長さ1.6cm）。

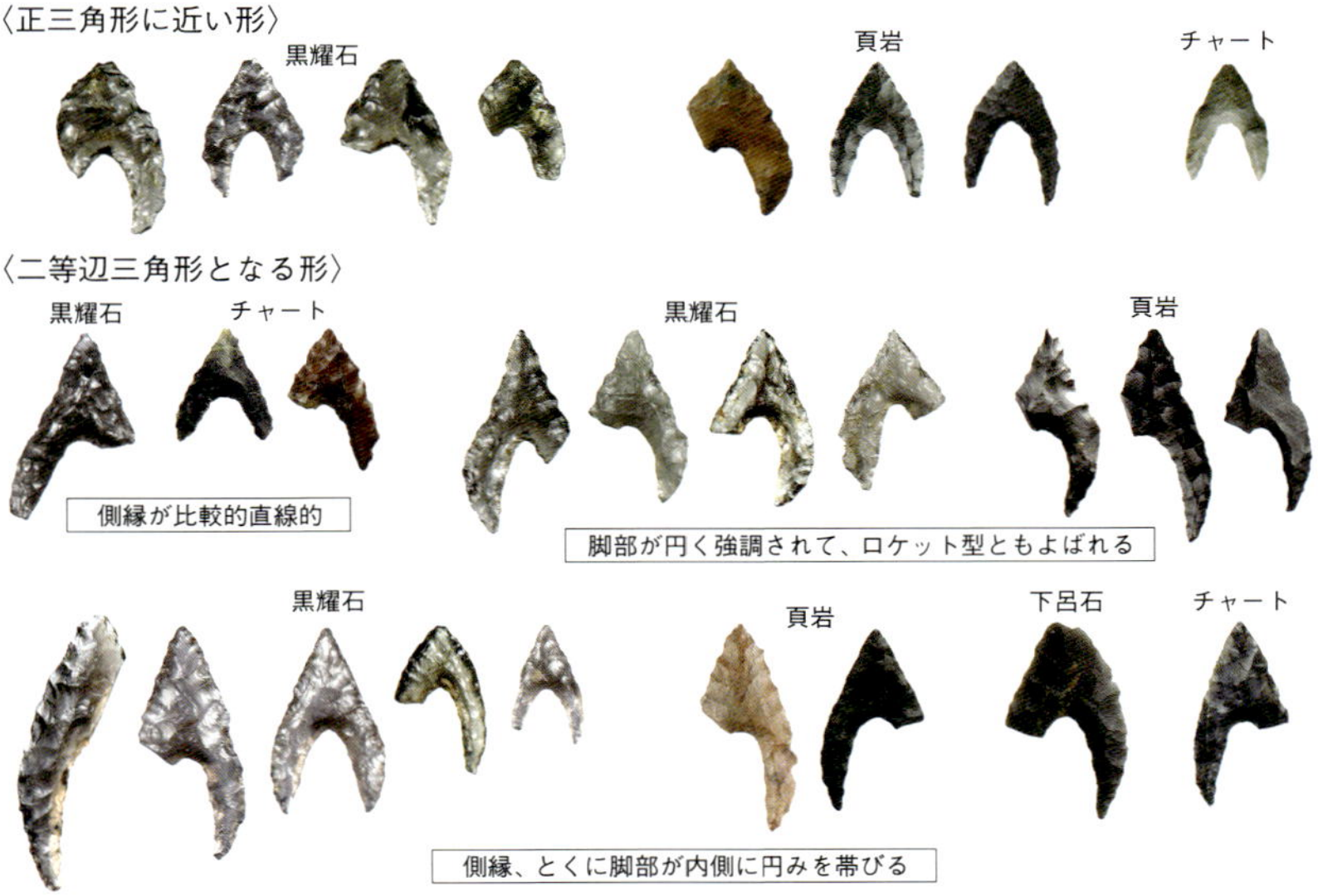


**図34 • Dグループの石鏃**
長脚鏃といわれるものの典型品。多くは片脚が欠損している。それは技術上の限界か、あるいは意図的か。これも問題となっている（左上端：長さ2.2cm）。

Aグループ（図31・藤森分類の三角鏃）：まったく抉りがない。
Bグループ（図32・藤森分類の長身鏃、三角鏃・円脚鏃の一部）：脚は全長の一／四未満。
Cグループ（図33・藤森分類の円脚鏃、長身鏃・長脚鏃の一部）：脚は全長の一／二未満。
Dグループ（図34・藤森分類の長脚鏃）：脚は全長の一／二以上。

以上の大分類に、対称性や石材、欠損状態なども加味していった。

こうして分類してみると、圧倒的に二等辺三角形が多く、正三角形はわずか二割にも満たないことが確認でき、形態別の割合をつぎのように把握した。

Aグループ：一二四点（一二・八パーセント）。脚部の作出がないためか、欠損率は少ない。一方で先端部の欠損がやや多いか。先端部を乳首状に突出させたものもある。
Bグループ：三五六点（三六・八パーセント）。側縁の形が直線的なものが多い。同じく先端部突出のものもある。
Cグループ：四二三点（四三・七パーセント）。側縁の形が湾曲するものが多い。
Dグループ：六五点（六・七パーセント）。みるからに製作が難しそうな形で、完形品は六点と非常に少ない。

以上、形態の上では、基部の抉りの深さは二分の一までに達しないグループが圧倒的で、深い抉りをもつ長脚鏃は一割にも満たなかった。

こうした形の違いは時間差によることも当然予想できるが、残念ながら層位的なデータが得られないために、これ以上踏み込みがたい。ただし、先端部突出の三角鏃は、隆起線文系土器にともなうもっとも古い型式的特徴であるといわれる。したがって、これらを含む曽根三角鏃は古くに位置づき、同時にこうした石鏃の存在は、先の土器編年に整合するといえる。

## 未成品にみる製作技術の特徴

四二五点の未成品に残された技術、製作工程を眺めると、石鏃作りの特徴もみえてくる。形を整えていくのに、つぎのような三つの手順が明らかになった（図35）。

①成形：石鏃の素となる三角形状を作る。

②整形段階1：石鏃に近いサイズと形になった素材に押圧剥離技術を加えて整える。押圧剥離とは、骨や木などの弾力性のある加工具を石材に押しつけるようにして、剥片を剥離しながら形を整えるやり方だ。

③整形段階2：先端および抉り部を作り、さらに形を均等化するために押圧剥離技術を用いて整形する。

それぞれの行程を追いながらサイズに注目すると、面白い事実に突きあたる。成形→整形1→整形2→完成と、調整が進むに

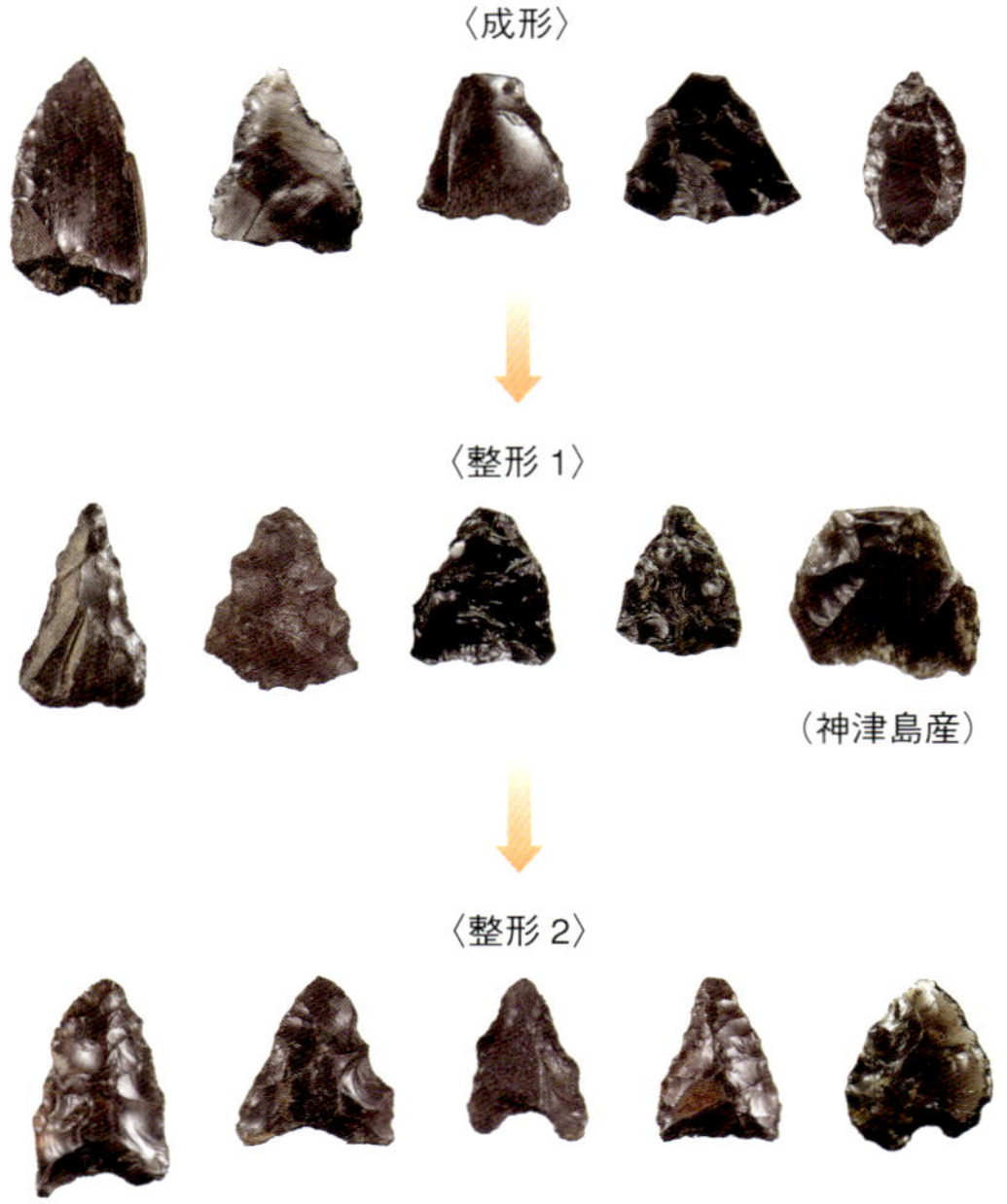


図35 ● 製作工程段階別の石鏃
上段から下段にむかって、だんだん石鏃の形になっていく。こうした製作途上の資料が多いことが石鏃の製作場所である証拠となる（左上端：長さ2.6cm）。

つれて当然長さも幅も小さくなるが、段階ごとの小形化の幅がきわめて小さいことである。

完成品と未成品のサイズに大きな差がない事実は、いったい何を意味しているのだろうか。素材の大きさを大幅に変えることなく加工する、そんな作り方をしているのである。完成品に近い形やサイズの剝片を選択し、せいぜい「先端作り」や「基部作り」に必要最小限の作業を施し、あとはごく簡単な仕上げにむかう、そんな非常に効率的な工程を想像できる。

なお、石鏃作りには、形は同じであっても押圧剝離技術の粋をつくして見事な優品に作りあげる一群と、押圧剝離ができずに剝片の縁辺をつぶすだけで矢尻の形になっていれば良しとするような、いわば省エネ作りの一群がある。つまり後者は、未成品と区別がつきにくいが、成形段階で手間暇かけずにいきなり形に仕上げたかのようなもので、後にもふれるが「剝片鏃」とよばれている。いわば粗製石鏃と精密石鏃といった二種類の作り分けが曽根での石器作りの大きな特徴となっている。ただし、両者の機能上の差についてはわからない。

## 剝片を読む

剝片の総数は二万七五八一点、総重量二二・七五七キログラム。これだけ大量の資料を鋤簾で掻き上げていた。藤森栄一の執念である。

その石材は黒耀石が二万二四〇五点、非黒耀石が五一七六点で、黒耀石が圧倒的に多い。

剝片の基本的な分類は二つ。自然面を残すか否か。残すと残さないの比率は七：三。そしてもう一つは打撃痕のあるなしで、この比率は一：一であった。この結果は、石器素材剝片生産の初期段階と考えられる剝片が多くあることを示唆している。

剝片のサイズも統計化してみた。平均値は長さ一五・八ミリ、幅一五・〇ミリ、厚さ四・二ミリ、重量〇・八グラムであった。これは石鏃より小ぶりで、厚さは若干厚め、まれに石鏃よりも大きい剝片もあるが、基本的に剝片が「石器製作後の屑の集合体」であることを示している。

以上の事実は、ここで多くの石鏃を作っていたことを裏づける。加えて、原石や石核が非常に少ないことも事実で、かつて藤森も指摘したように、石材の原産地で石器の素材となる剝片をある程度の大きさに加工してから持ち込んだ可能性を確認できることになった。

## 黒耀石の原産地は

多くの黒耀石原産地を控えるこの地において（**図2参照**）、黒耀石の具体的な供給元はどこだったのか。池谷信之の全面的な協力のもと、蛍光X線分析をおこなった。

旧石器時代の石器一四点、縄文時代の石器一〇六九点を対象としたが、長年湖底にあって水にさらされ、水和層ができてしまったためにデータをとれないものもあり、最終的には旧石器時代の石器九点、縄文時代の石器七三五点を分析できた。

その結果、縄文時代の石器は、諏訪星ヶ台の黒耀石を主体にして、和田エリアの各原産地のものを含み、予想以上に多くの原産地のものを使用していることがわかった。とくに神津島産の黒耀石製石鏃が三点含まれていたことには驚いた。三点のうち一点は加工途中のものであるものの（**図35**）、他は完形品であることから、完成品ないし半成品が持ち込まれたことになる。

またDグループとした長脚鏃では、黒耀石を石材とした三四点のうち二二点までが諏訪星ヶ台産であった。産地の微妙な石材の違いを理解して、目的によって選択していたと推定できる。

## 片脚石鏃の怪

長脚鏃は曽根の石鏃の大きな特徴の一つだが、その片方の脚が失われている場合が非常に多い。この点にも、藤森栄一は注意をむけた。

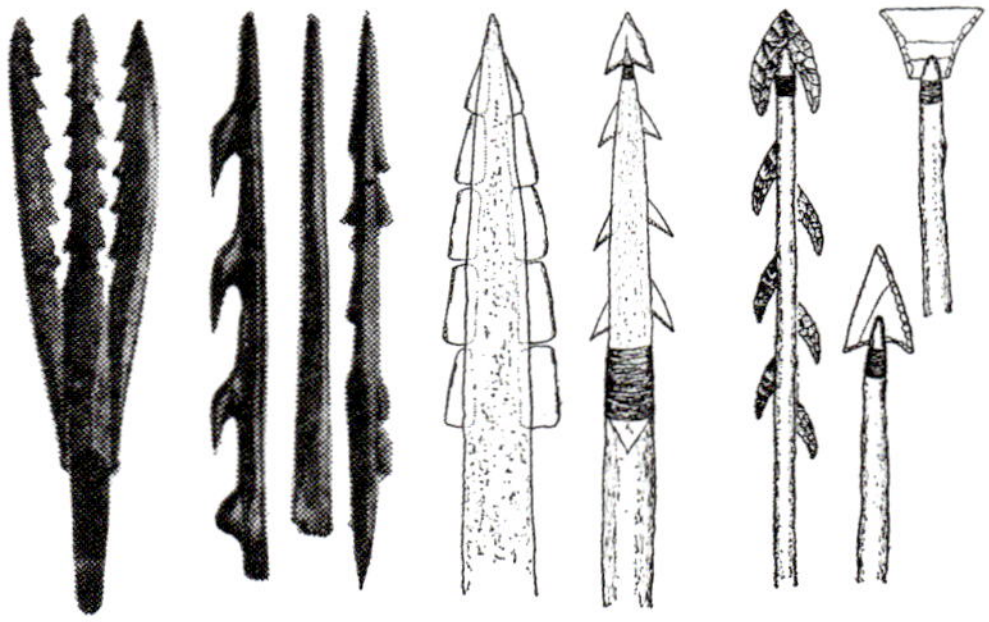

**図36 ● 藤森による片脚石鏃使用の想定図**
藤森『旧石器の狩人』より。キャプションには「右は曽根の場合の想定図、中はヨーロッパの例、左は骨銛の例」とある。

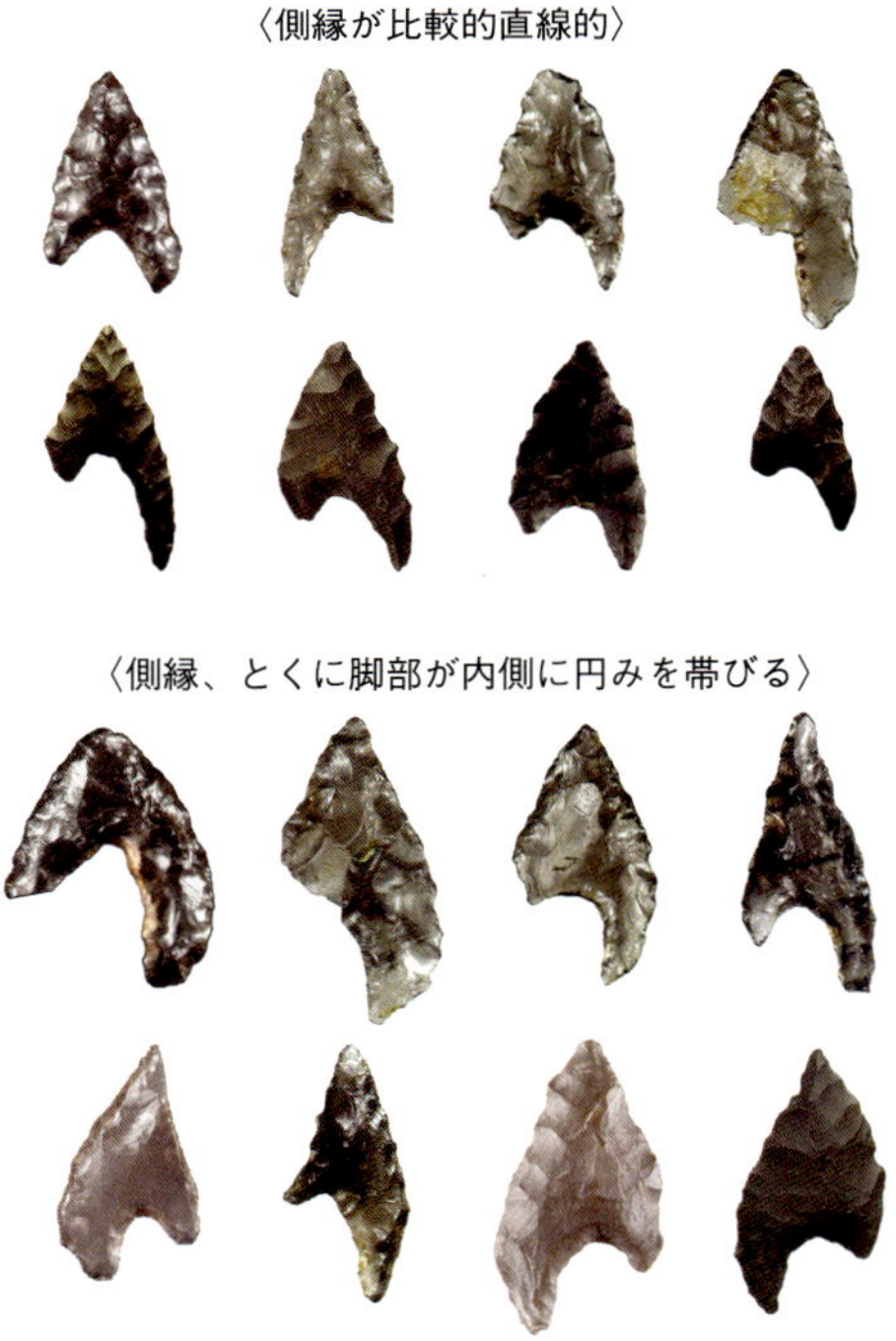


**図37 ● 意図的に非対称に作られた石鏃**
これはなぜかもともと片脚だけしか作っていない。片脚の折れた石鏃が意図的なものとの根拠となるか（左上端：長さ1.9cm）。

先行する旧石器時代の終わりごろ、シャフト（軸）の両側に複数の細石刃を埋め込んだ利器が流行した。この細石刃の代わりに埋め込んだらどうだと考えたのである（図36）。するとたしかに片脚だけで充分で、さらにシャフトの先端に三角鏃をつければ、立派な漁労用の銛となる。むしろ片方の脚は意図的に折りとったのではないか。組み合わせ石器説である。

今回、この点に注意をむけて調べた。結果、意図的に片脚を欠いたとする確証は得られなかった。しかし、非対称の、つまり意識的に両脚の長さを変えて作った石鏃が間違いなく存在していた。片方の立派な脚に対し、もう片方を作らなかったり、極端に貧弱にしたりというような石鏃が九五点もあったのである（図37）。

片脚の石鏃もなんらかの意味をもっている、という可能性がここに出てきたわけである。しかし、残念ながらわかったことはここまでで、何のためにそうしたのかはわからない。藤森の組み合わせ石器説も含め依然謎に包まれたままだ。

なお、長脚鏃の出土遺跡が湖畔や河川近くに多いことから、漁具の可能性が高いとする研究もある。

## 6　搔器という石器の背景

曽根遺跡から出土する石器は石鏃ばかりではない。搔器（スクレイパー）とよばれる石器もある。楕円形の一端に弧状で急角度の分厚い刃部をもち、動物の皮を剝ぎとったり、なめしたりするのに使ったと考えられるものだ。親指大ほどの小型のものが二〇点みつかった(図38)。

観察した藤森英二は、曽根の掻器が「小さくて黒い」ことに気づいた。二〇点の内黒耀石製が一九点と圧倒的で、しかもそのうち一三点は「黒色で不透明の黒耀石」を選んでいた。藤森は指摘する。小さいというのは、より大きな素材剝片を必要とする石鏃などを優先した結果ではないのかと。そして、意識して漆黒の黒耀石を選んでいた可能性があると。長脚鏃もそうであったが、石器作りを熟知した曽根の人びとの姿が浮かんでくる。

一万二九〇〇年前から一万一五〇〇年前にかけての時期は、最終氷期が終わり温暖化がはじまった状態から、一時的に急激に寒冷化に戻る現象が起きたといわれる。ヤンガードリアス期という。この縄文時代草創期後半から早期初頭の時期に、中部高地では小型掻器を使ったピークがあることがわかっている。曽根でも暖かい毛皮の衣類作りに精を出していたのであろう。

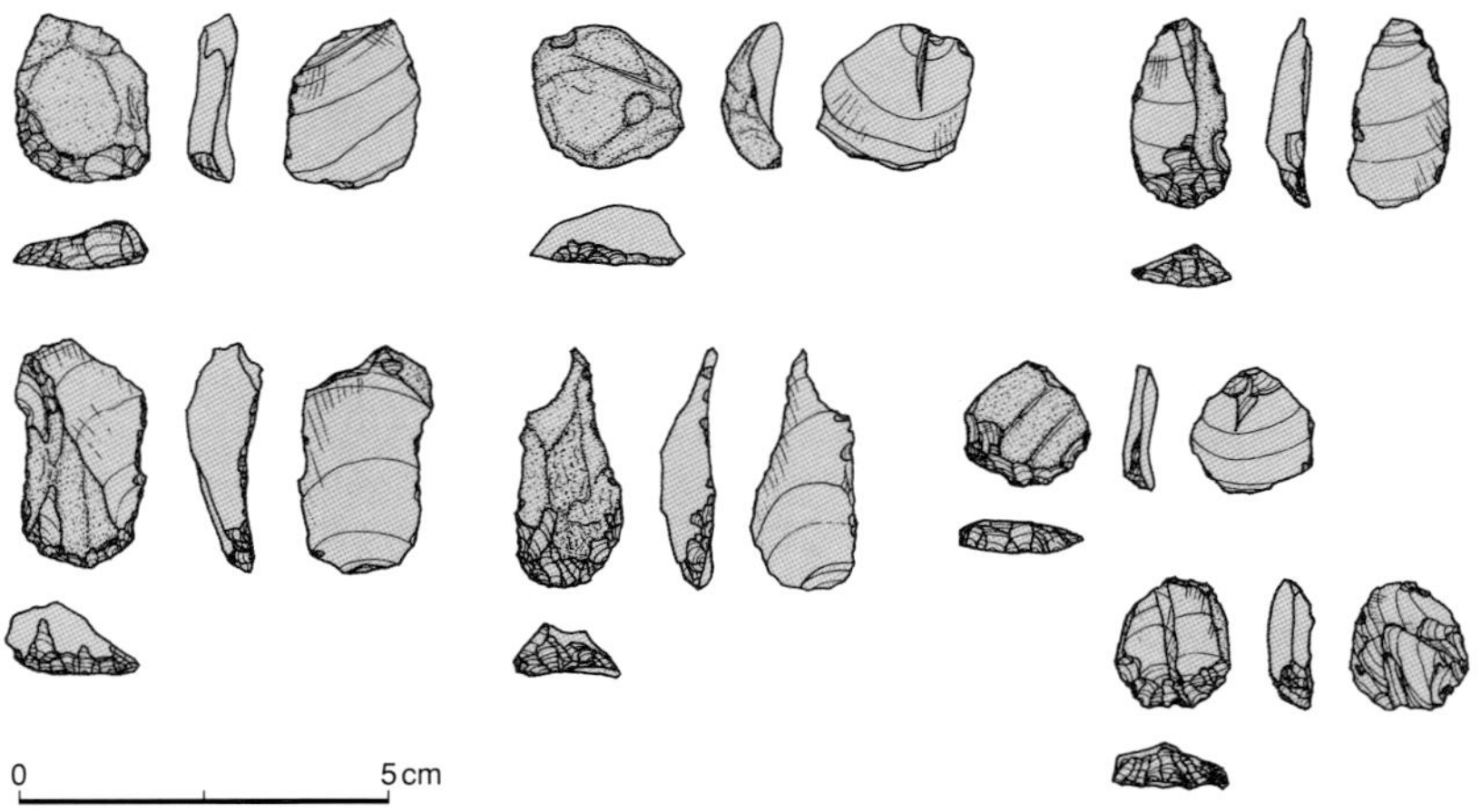

図38●掻器
動物の皮を剥いだり、なめしたりに使われたと考えられる。
「黒色不透明」な黒耀石をあえて選んでいるようだ。

## 7　曽根を語る貴重な石器

### 曽根型石核とは何であったか

坪井正五郎が「長方形石片」とよんだ石器を、後に八幡一郎が、大陸に存在する細石器との関連を匂わす石器として注目したことは先にふれた。それは岩宿遺跡の発見以前に、日本列島に旧石器時代が存在する可能性を示唆していた。そして後に、東北大学教授となった芹沢長介は「曽根型石核」から細石刃を作ったと考えた。

そもそも細石刃とは、幅が一センチにも満たないカミソリの刃のような石器で、シャフトに複数埋め込んで槍先のように使った。刃こぼれをおこしたら、その部分だけを交換すればいい、という省エネ・効率的な組み合わせ石器である。ということは一方で、同じような規格のものをたくさん作りだす必要がある。同じ規格の石刃を連続的に剝がしとることができるように形を整えた母岩が「曽根型石核」ではないかと考えたのである。

このように八幡によって大陸との関係が注目され、芹沢によって日本旧石器時代終末期に、縄文文化との間隙を埋めるべくの細石器文化の存在が示唆された、学史上たいへん重要な遺物であった。

「曽根型石核」は、上下両端から打撃を加え、複数の石刃が剝がされたような多面体を示している（図39）。しかし、これを本当に石核と断定してよいものか。その後の研究では、彫器、あるいは楔であるという説も出た。つまり、早くから注目されていながら、じつは混沌としたわからない遺物であった。石核であるのか、はたまた別の目的をもつ石器であったか。山科哲と高見俊樹が、観察総数八八六点という膨大な量の「曽根型石核」の解明にとりくんだ。

## 分類と観察

ここでは専門的な分析の過程は省略するが、まず「曽根型石核」の大きな特徴とされた見た目の紡錘形という外見は、上下両端からの打撃を加えたことによる割れた結果の形であって、機能的にはあまり大きな意味はないのではないかと考えた。

そして、割れた面（剪断《せんだん》面という）の状況に焦点をしぼって観察すると、剪断面を有する資料が圧倒的に多く、しかも剪断面に上書きする

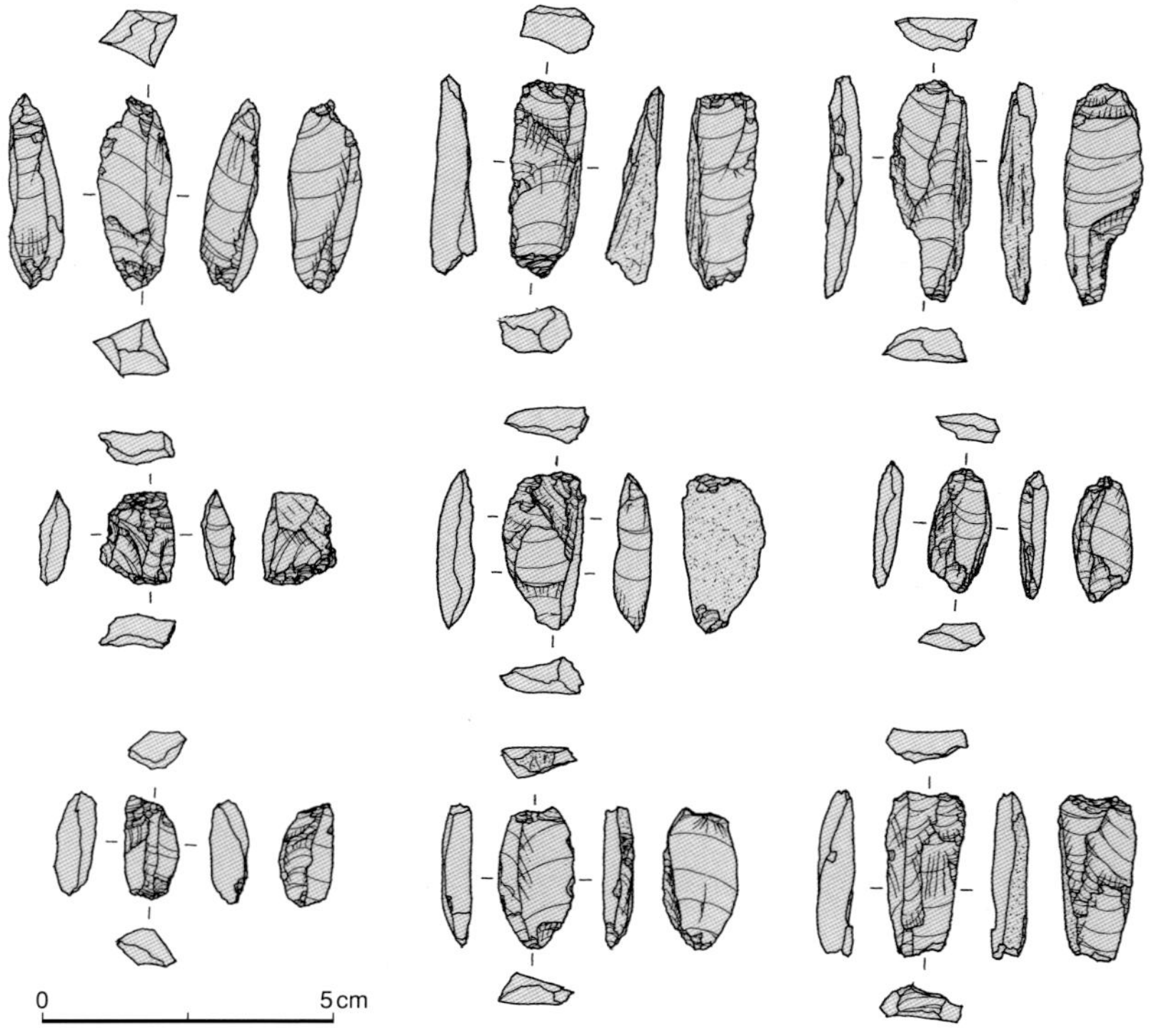

図39 ● 両極剥離痕をもつ石器
いろいろな見解がもたれていて、一見、石器（道具）とは思われにくいが、その可能性はすてがたい。

ように微細剝離が加わっている事実を確認した。このことは剪断面形成後も引きつづき上下両端から打撃を加えたことを意味し、それは何らかの道具として使用した可能性に着目した。

また、利用した石材を検討してみると、圧倒的に黒耀石を素材にしていて、とくに茶系透明な黒耀石が八〇パーセントにもおよぶという石材との強い相関関係に加えて、素材の円礫ないし亜角礫の割合の高さにも注目した。たしかに、円礫ないし亜角礫のままでは使えるはずはなく、道具に仕立てるために、まず上下から力を加えて形を作りだしたのではないかと考えた。

こうした観察点をとおして、「曽根型石核」は、従来から想定された、石核としてのあるいは石鏃製作の一過程という可能性も否定はできないものの、むしろ上下両端から力が加わるような作業に使われた道具（石器）ではないかと考えて、「弓矢猟とそれにともなう道具整備や解体作業といった生産活動の、どこかの局面」で多用された、と想定するにいたったのである。二人はこれを「両極剝離痕をもつ石器」とよんだ。

現時点で、多くを解決するにはいたらなかった。しかし、その多さからして、曽根にはけっして欠かせない石器であったことは確かである。

土器が作りはじめられて間もない縄文時代のはじめの遺跡である曽根の遺物は、石器が大半を占めている。よって、石器の詳細な分析こそが、遺跡の性格をあぶりだす。大量の石材が持ち込まれ、ここで石鏃を作ったことは間違いなかった。明治期からの人びとの予測を検証できたことになる。同時にそのほかの石器も、曽根の人びとの暮らしを描きだすために、大きな示唆を与えてくれているのである。

# 第4章　曽根に生きた太古の狩人

## 1　狩人の暮らした諏訪湖畔の謎

### 湖底の謎は解決したのか

杭上住居か、それとも地滑りなのか。発見当初からの湖底の謎は、その後も解決されたわけではなかった。戦後、根のついた自然木の発見で、杭上住居説が否定されたことは確かである。では、地滑り・土地の陥没説で決着するのか。

藤森栄一は、諏訪湖周辺の遺跡を時代別に地図に落として気がついた。遺跡の分布は時代によって高低差がある。一九六五年、これを諏訪湖の水位の変化した結果であると推察し、「諏訪湖の大きかった時と小さかった時」と表現して水位変動説と発表した。しかし肝心な水位の変動の十分な根拠を示せなかった。ふたたび曽根水没の原因は闇に入った。

地質・地形学の小口徹は、二〇年来、曽根の成因を気にかけていた。従来の地質学的な仮説を丹念に検証して否定し、結果的には藤森の水位変動説の妥当性を導いた。

その根拠を概略すると、まず「地滑り説」は、土が塊で滑り落ちることをさすが、そのために必要な角度をもった斜面はない。

つぎに「断層陥没説」は、現状で確認できる根拠となる断層は、曽根遺跡からは五〇〇メートルも離れていて、仮に全体が陥没したとなると曽根周辺も大きく陥没したことになるが、その痕跡はない。現在では「岩盤滑り」といわれる一種の地滑りも、当時「土地陥没説」といったようであるが、やはり周辺は平坦な土地で、大きな崖もなく起こりうることは考えられない。

## 水位変動説

諏訪湖の現在の水位は標高七五九メートル。諏訪湖に流入する河川の運ぶ土砂によって形成される三角州の高さに注目すると、地質学的調査によって知られる一番の高所は標高七六五メートル、そして一番の低地は標高七三八メートルあたり。つまり諏訪湖の水位の最高位が七六五メートル、最低位が七三八メートルとなる勘定で、それぞれ、いまより高いときで六メートル、低いときでマイナス二一メートルという変動の幅を示している。

さて諏訪湖の水位の変遷は、日本列島全体の気候変化とともにある。「冷温期―多雨―河川の氾濫―水や土砂の大量流入・湖尻の堰き止め増大―増水」と分析される。そもそもの雨量自体は長期的な気候変化によって決まり、中部日本では気温が低い時代には多く、高い時代には比較的少なくなる。こうして小口は、研究の進んだ世界規模的な気候動向と諏訪湖周辺の地質

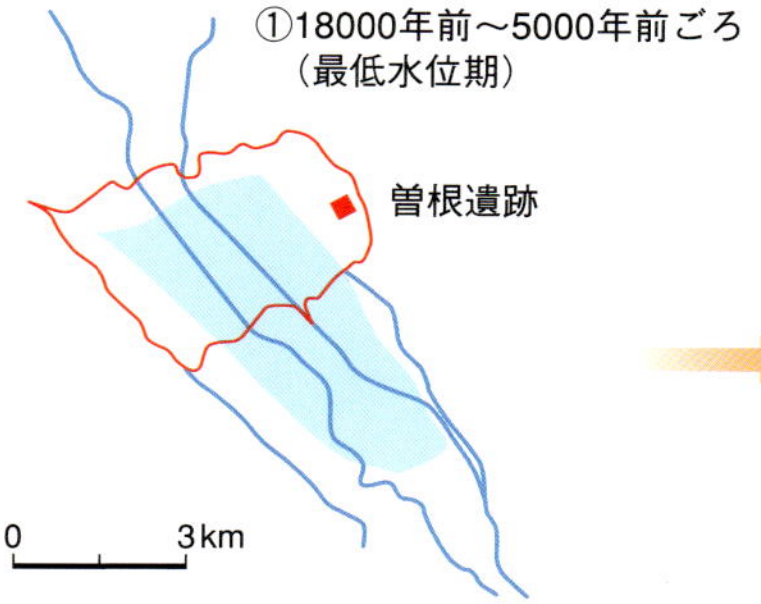


旧石器時代後半～縄文前期。基本的に曽根は陸地であり、当時の推定水位は標高745m。現在より15mほど低かった。

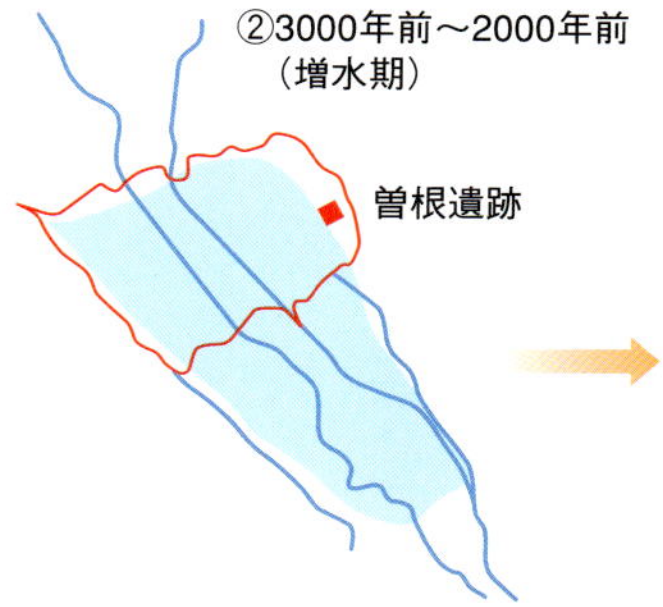


縄文時代後期～弥生時代中期。水位が標高755m付近まで上がる。このころまでに曽根遺跡水没か？

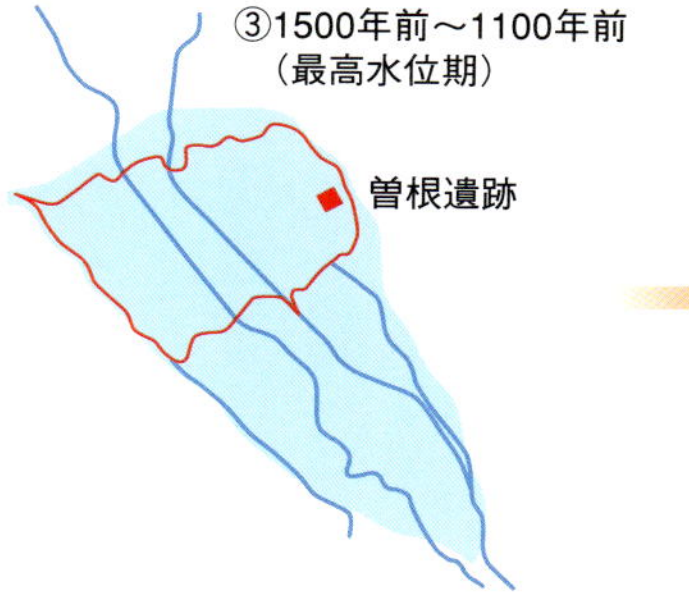


古墳時代～平安時代中ごろ。水位は現水面より5、6m高かった。諏訪盆地の底全体が大きく水没している。

中世～近世にかけて現在の諏訪湖のかたちに近づいてくる。その後、排水工事などの人の手が加わり、現在の姿となる。

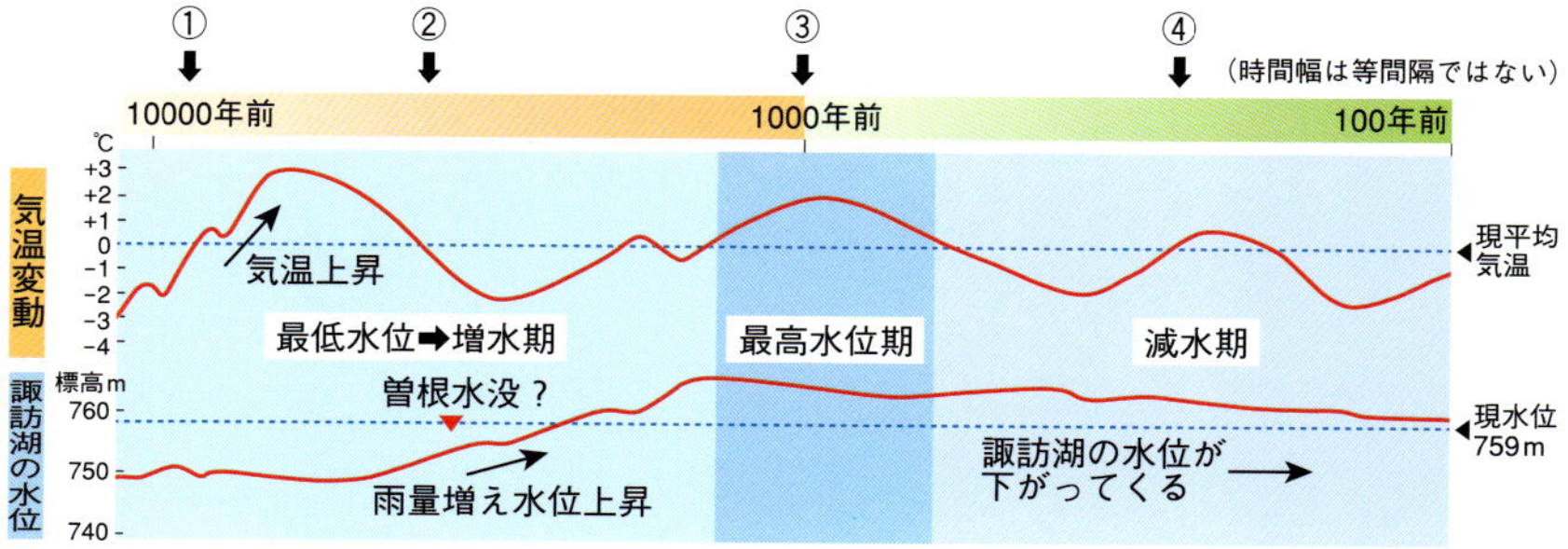


**図40 ● 気候変動にともなう諏訪湖の水位変動と変遷想定図**
諏訪湖の水位変動は大ざっぱにみて、最終氷期以降は増水期、古墳時代～平安時代中ごろに最高水位期を迎え、その後は減水期を迎える。曽根遺跡は増水期の中、3000年ほど前に水没したのではないかと考えられる。

学的知見をもとに、諏訪湖の変遷を位置づけた（図40）。

それによると、約二万年前〜一万三〇〇〇年前ごろまでの諏訪湖は増水により徐々に水位は上がったものの曽根は水上に姿をあらわしていて、その後、ふたたびの寒冷化により水位の上昇は止まる。曽根の栄えたのはこの後である。しかし、約四〇〇〇年前から増水期が再来し水没の運命を迎えてしまったというわけである。ただし、厳密な地質調査は今後の課題と、小口は慎重を期している。

諏訪湖に突きでた岬のような土地であったころの曽根の周囲は、魚類に恵まれ、水を求める動物たちにも好適地だったことだろう。竪穴住居をつくって恒常的な居住地にしたかはわからないが、狩猟用具の石器作りをおこない、たしかに狩人たちの命をつなぐ地であった。

## 2　縄文時代草創期の暮らしぶり

### 爪形文土器の時期の日本列島

曽根遺跡の爪形文土器の時期は、前述のように、氷期へ逆戻りしたような寒冷気候であった。「寒のもどり」に見舞われて、気温は急激に低下し、それによって植生も北海道では森林ツンドラの主役であるダイマツやハイマツになり、中部日本でも亜寒帯針葉樹林が増加した。

こうした環境の変化は当然、人びとの生活に影響した。隆起線文系土器群の時期に増加した遺跡の数も、爪形文土器の時期には大きく減少し、さながら旧石器時代に逆戻りしたような様相を呈した。

しかし、この時期に曽根で縄文時代を代表する石鏃を大量に作っていたことは、石鏃の製作技術が完成の域に達し、弓矢という狩猟技術が確実に定着してきたことを示している。環境の逆戻りにもかかわらず、確実に縄文文化へ歩みつづけたことを教えてくれているのである。

## 曽根に集まる狩人たち

及川穣は、大量の石鏃の中で、剥離が奥までおよばず、剥片の周辺にごく簡単な調整をちょこちょこと加えただけのものに注目した。「剥片鏃」とよんでいる（図41）が、彼はこれを「現代人が親近感をもてる石鏃」と表現した。

実験考古学さながらに石器を作ってみると、はじめての人は、たいていこうした具合の加工しか施すことができない。曽根には素晴らしい技術を用いた石鏃がある。脚を長くするには高度な技術が必要で、それは「上手」い人の象徴品だ。一方で「下手」な人がいたようだ。

曽根は、各地から多くの人たちが石鏃作りを教えてもらいにやってきた、そんな石器作りの

**図41 ● 剥片鏃**
形を作りあげてゆくうえで、上手な人は剥離が中央部にまできれいにおよぶ。これらはみな周辺ばかりの加工でぎこちない（左上端：長さ1.9cm）。

練習場ではなかったかと考えた。

このことを豊富な石材が証明する。近隣の和田・霧ヶ峰にある一一カ所もの黒耀石原産地を知っていながら、黒耀石以外の石材もたくさん使っているのである。

赤いチャート（伊那方面）、青いチャート（開田高原から木曽方面）、頁岩（守屋山周辺・富士見町周辺・松本盆地西部から岐阜県）という広範な広がりを示す石材である。岐阜に産地の限られる下呂石《げろいし》でできた石鏃が一二点あり、さらには先にも紹介したように、南東に約二三〇キロも離れた神津島産黒耀石の石鏃が三点もある。

このことは日常の生活圏をはるかに越えた広域に移動する人びとの姿を彷彿とさせる。各所の石材を持ち寄って

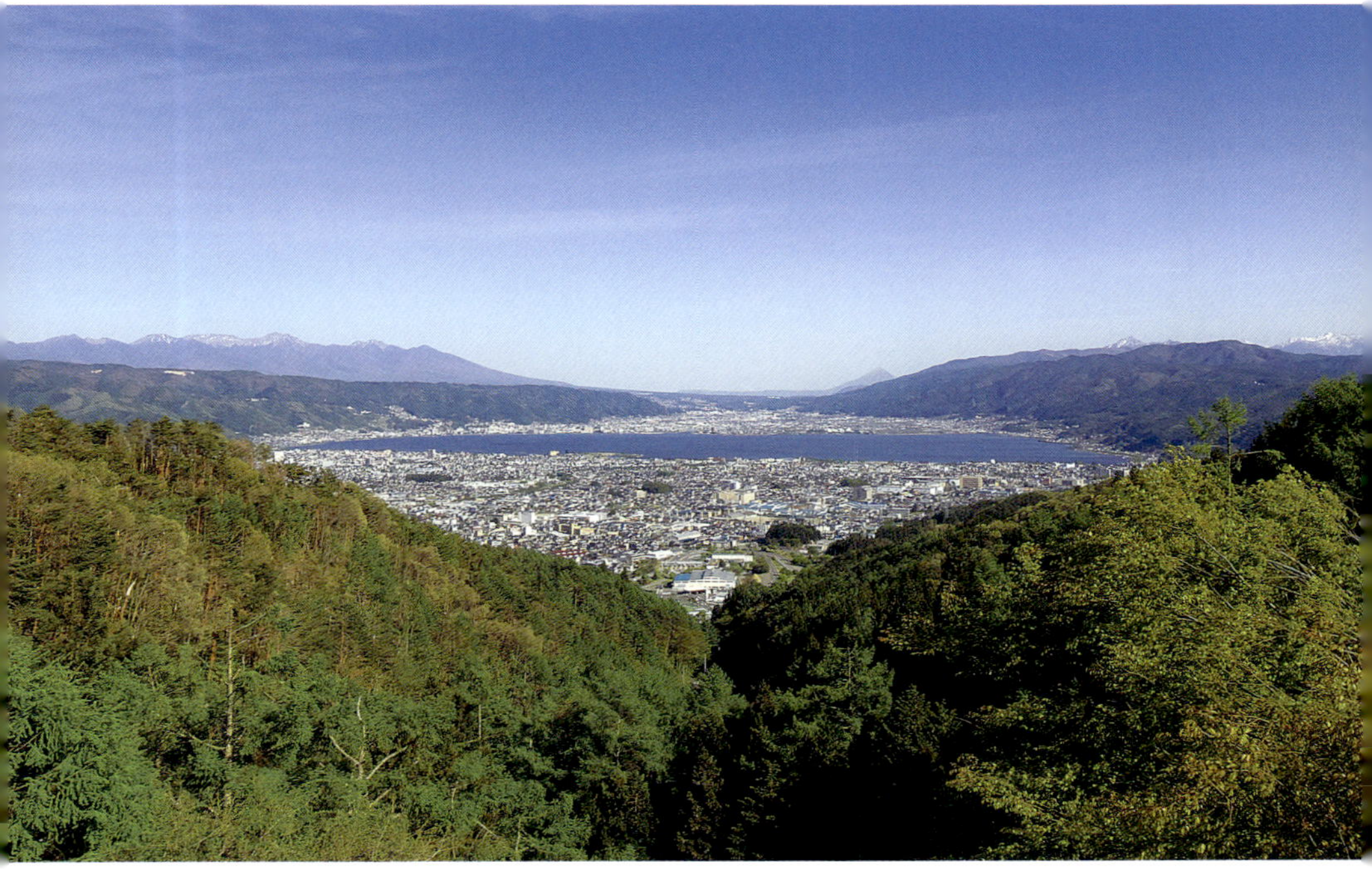

**図 42 ● 塩尻峠からみた諏訪湖**
塩尻峠は松本盆地と諏訪盆地の境にあって、日本海側と太平洋側の分水嶺ともなっている。太古より多くの人びとが行き交って、素晴らしい風景に魅せられたであろう。写真左手奥が八ヶ岳、中央よりやや右手奥にうっすらと富士山がみえる。

集まる人びとの、石鏃作りにかけるひたむきな姿が想像できる。

曽根に集まる多くの人びと。目的地への道のわかりやすさも肝心である。西日本から東海に沿った地域の人びとは、天竜川をさかのぼればよい。関東地方からは山間を抜け、甲府の盆地をすぎて釜無川に突きあたってのぼっていく。日本海側からは信濃川をたどると犀川《さいがわ》・梓川《あずさがわ》となり、あるいは糸魚川を遡上し、いずれも松本盆地に到達し、南に境する峠を越える。その眼前に大きな湖が飛び込んでくる。わかりやすさはこの上ない。

「天竜川を遠くさかのぼり、あるいは高い峠を越えた先に、巨大な鏡のように美しい湖を見つけた石器時代の人々の感動はいかばかりであったか」、読売新聞の片岡正人さんはこう語る。

## 曽根の狩人が捕らえた獲物

曽根の狩人たちは、どのような獲物を捕らえていたのか。藤森は、動物の骨も九九点採集していた。これらについて三人の専門家、近藤洋一・杉田正男・間島信男が慎重な鑑定を下してくれた。種類を同定できたのは七一点、二目四科に属している（**図43**）。ツキノワグマ、テン、イノシシ、ニホンジカの四種が種まで同定できた哺乳動物である。

もっとも多いのはニホンジカで二六点、ついでイノシシが二三点である。この二種が縄文時代草創期の曽根を代表する動物相ということになる。草創期の長野県内遺跡でのサンプルをみると、栃原岩陰《とちはらいわかげ》遺跡や湯倉洞窟遺跡などでは、このほかにカモシカやニホンザルが多いという。曽根との違いは標高差で、これらの動物が入ってこないことが納得できると推察している。

**図43 ● 曽根遺跡から掻きあげられた獣骨**
水中だから残っていたという利点の一方、残念ながら小さな骨は鋤簾の網目をすり抜けてしまったか。
（ニホンジカの左上端：長さ約6.2㎝）

それに代わって、きっと水鳥や魚類は豊富であったことだろう。ただし、これら小動物の小骨などは、あったとしても蜆鋤簾の目からはくぐり抜けてしまっただろう。

## 矢柄の製作

ところで、弓矢を使った狩猟を考えると、石鏃とともにたくさんの矢柄《やがら》も必要だ。その点、曽根の時代から現在まで諏訪湖畔には水生植物である葦《あし》が繁殖している。真っ直ぐな強い茎は矢柄の用を十分果たす。そして、矢柄を真っ直ぐ飛ばすのために不可欠な鳥の羽。水辺には多くの水鳥が飛来した。

刈りとった葦は、当然必要な長さに切らねばならない。そのときに先にふれた用途が不明の石器、「両極剥離痕をもつ石器」を使ったのではないか。台の上に葦を置き、切りたい位置にこの石器をあて、上からハンマーで力を加えると、求める長さに切断できる。「両極剥離痕をもつ石器」には上下から力が加えられた痕があると観察した。

そこに羽をつけ、鏃《やじり》を装着すると矢の完成である。曽根の地は、弓矢を作りあげるのにじつに恵まれた環境だったといえるのである。

## 弓矢作りに本腰入れた狩人たち

弓矢がいつ、どこで、どのように登場したのか。日本考古学で大きな課題の一つである。更新世から完新世の時代にかけての温暖化は動物相も大きく変え、大型獣から動きの俊敏な中小型獣へと転換した。槍での捕獲に限界があり、道具の改良を迫られた。素早い獲物を捕らえ得る、飛び道具＝弓矢の出現の幕開けである。

しかし、ある日突然、古い道具を捨てて、つぎの日に新しい道具だけ使いはじめるわけではないだろう。石鏃（＝弓矢）を使いはじめた隆起線文系土器の時代でも、狩りの主役はまだ尖頭器（＝槍）であり、石鏃が出土する遺跡は四分の一前後といわれ、たとえ石鏃が出土したとしても、それを上まわる数の尖頭器も一緒に出土している。

隆起線文系土器の時代の遺跡で、たとえば千葉県市原市の南原《みなみはら》遺跡では尖頭器一八点・有茎尖頭器四二点に対して石鏃は三点である。神奈川県横浜市の花見山《はなみやま》遺跡では尖頭器三三点・有茎尖頭器五四点に対して石鏃一九点、同じく神奈川県伊勢原市の三《さん》ノ宮下《みやしも》谷戸《やと》遺跡では尖頭器六二点・有茎尖頭器三四六点に対して石鏃一六点、と石鏃の割合は非常に低い。

この形勢が逆転したときこそ、狩人たちが弓矢への信頼を厚くして、時代を変えていったときではないか。隆起線文系土器の後半段階とされる奈良県山添《やまぞえ》村の桐山和田遺跡では、尖頭器二四点に対し石鏃は三〇〇点前後出土している。

そしてついに、爪形文土器の時代である曽根遺跡の時期こそ、槍への未練を断ち切って、弓矢の猟に命運を託したのであった。狩人たちの新たな姿である。

なお、爪形文土器に文様を刻んだ道具は、矢柄に使われた葦の可能性はないだろうか。だとすれば、爪形文土器は弓矢を使用することになった時代を象徴する土器といえる。

そしてこのとき、それまでなかっただろう「消耗品」の考え方も、彼らの頭の中に芽生えはじめたことだろう。空中に舞う鳥めがけて放った矢が獲物を外れて湖面に落ちても、その矢を回収するよりも、新たに作ったほうが手っとり早い、と。漁具にしてもしかりである。そのための効率的な石鏃作りも身につけた。そうすると、曽根は、本格的に弓矢作りにとりくんだ最初の地といえそうだ。

## 3 日本列島一美しい石鏃の意味

藤森栄一が長脚鏃と命名した石鏃は、ずば抜けて見事な芸術性を備えている。その脚を、鳥居龍蔵は「耳」と称し「その製作の精緻、形状の特異なる点は、本邦各地に発見されるものに見当たらない」と注目した。八幡一郎は「両側の突起が非常に長い」石鏃と記し、「ユニークな形式」と認識した。藤森は「日本出土の石鏃の最高級」、戸沢充則は「日本一美しい石鏃」と形容している。

第3章で分析したように、抉りの深さが全長の半分以上に達する長脚鏃は全体の六・七パーセント(黒耀石製三四点、非黒耀石製三一点とおおよそ同数)とはいえ、六五点と非常に多い。

この長脚鏃は、遠く奈良県の桐山和田遺跡や北野ウチカタビロ遺跡などのほか、曽根遺跡を中心とした中部・関東圏では**図44**のように分布している。ただし、曽根以外の遺跡から出土する点数は、わずかに一、二点か、せいぜい数点である。曽根のように六五点も出土する遺跡はない。

　そして、周辺の遺跡から出土した長脚鏃の多くは信州産黒耀石を用い、補完的な形で在地産石材を使っている。曽根に訪れた狩人が、製作技術とともに長脚鏃を持ち帰り、その地で石鏃生産を広めた光景を先の及川は描きだす。

　それにしても見事な石鏃は、免許皆伝の趣がある。曽根は、やはり弓矢に託して新時代を切り拓いた地、との思いを強くする。その気概や技術力は脈々と受け継がれ、現代の諏訪精密工業の源なるかとつなげてみると、はるか太古の狩人たちをいっそう身近に思えてくる。

**図44 ● 曽根型長脚石鏃を出土する遺跡の分布**
これが曽根を訪れた狩人たちの範囲とすると、そのたくましい行動力こそ、人の命をつなげる源と実感できる。

# 第5章　曽根遺跡の保存と未来

## 1　諏訪湖の開発と保存運動

高度経済成長期以後の開発の嵐のなかで、曽根遺跡も湖底に安心して眠っているわけにはいかなくなった。

一九六七年に長野県河川課は、諏訪湖総合開発の治水対策の一環として五カ年計画で湖岸周囲一六キロに堤防を建設する計画を立てた。翌六八年には、曽根周辺をすっぽりおおうように三万九〇〇〇平方メートルの人工島をつくって総合観光施設を建設しようとする構想が動いていることも明らかになった。

当時、藤森栄一が会長をつとめていた長野県考古学会は、考古学研究者の全国団体である日本考古学協会などに曽根遺跡保護への支援を求め、市および県、国会に対して開発反対を訴えた。

運動は実り、翌六八年に日本考古学協会の総会で曽根遺跡保護の決議が採択され、衆議院の文教委員会でもこの問題がとりあげられ、観光施設の建設と曽根周辺を浚渫する治水・利水計画は中止された。長野県での保存運動の先駆けである。一九七二年には、諏訪市の指定史跡となって厚い保護の手も加わった。

藤森栄一が生涯最後に訪れた遺跡が曽根遺跡だった。長年の病気で体調を崩していた一九七三年のことである。妻みち子は『藤森栄一遺稿集　考古学・考古学者』（学生社）の「はしがき」につぎのように記している。

「宴果てての帰路、車のまま曽根遺跡にまわった。十一月も終わり、夕暮れの諏訪湖の小波は蒼く、栄一が市の行政に抗して「しゅんせつ」から守った曽根の遺跡は、千古の眠りを秘めて黒くよどんでいた。——冬がくるなあ、寒いや、帰ろう——と、この長い付合い

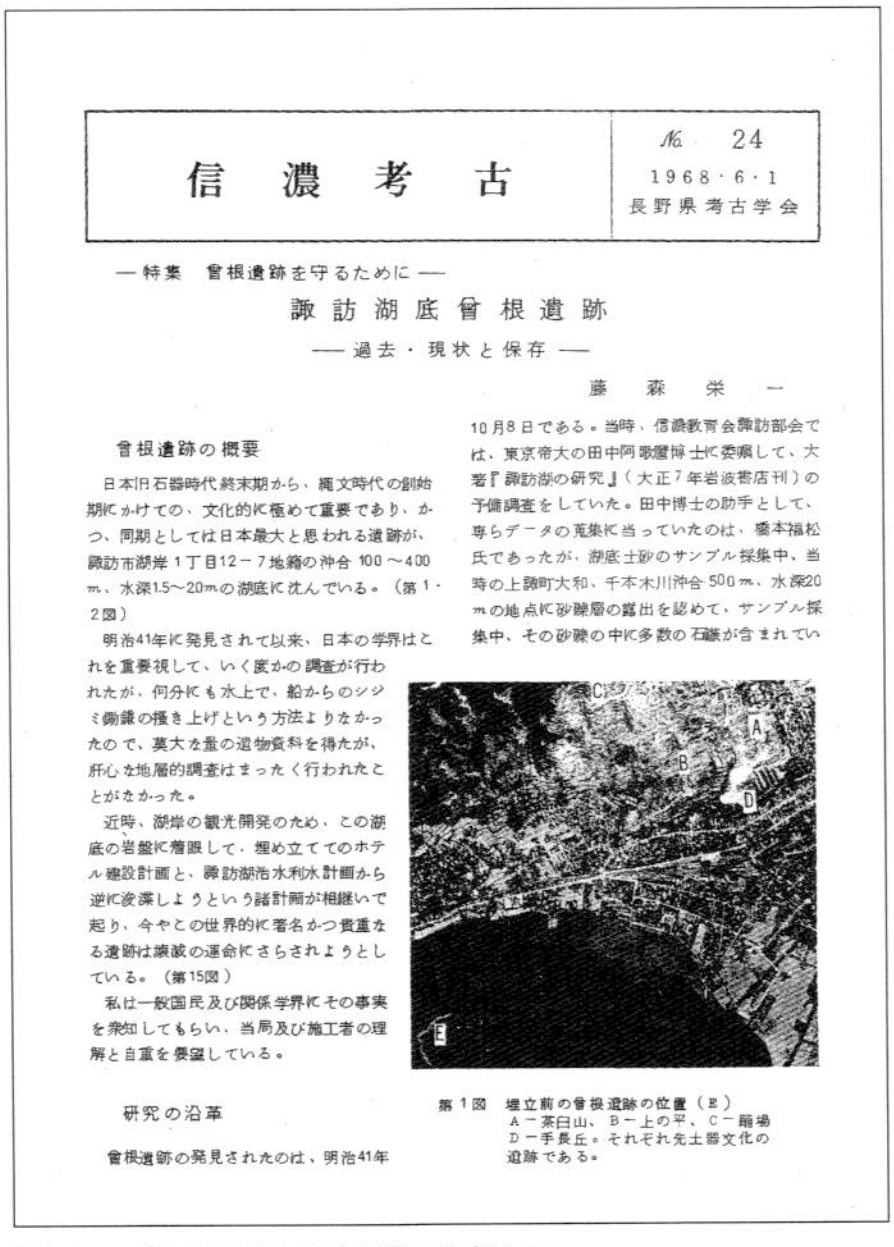

信濃考古

№ 24
1968・6・1
長野県考古学会

— 特集　曽根遺跡を守るために —

諏訪湖底曽根遺跡

— 過去・現状と保存 —

藤森栄一

曽根遺跡の概要

日本旧石器時代終末期から、縄文時代の創始期にかけての、文化的に極めて重要であり、かつ、同期としては日本最大と思われる遺跡が、諏訪市湖岸1丁目12－7地籍の沖合100～400m、水深1.5～20mの湖底に沈んでいる。（第1・2図）

明治41年に発見されて以来、日本の学界はこれを重要視して、いく度かの調査が行われたが、何分にも水上で、船からのシジミ鋤簾の掻き上げという方法よりなかったので、莫大な量の遺物資料を得たが、肝心な地層的調査はまったく行われたことがなかった。

近時、湖岸の観光開発のため、この湖底の岩盤に着眼して、埋め立ててのホテル建設計画と、諏訪湖治水利水計画から逆に浚渫しようという諸計画が相継いで起り、今やこの世界的に著名かつ貴重なる遺跡は壊滅の運命にさらされようとしている。（第15図）

私は一般国民及び関係学界にその事実を乗知してもらい、当局及び施工者の理解と自重を要望している。

研究の沿革

曽根遺跡の発見されたのは、明治41年10月8日である。当時、信濃教育会諏訪部会では、東京帝大の田中阿歌麿博士に委嘱して、大著『諏訪湖の研究』（大正7年岩波書店刊）の予備調査をしていた。田中博士の助手として、専らデータの蒐集に当っていたのは、橋本福松氏であったが、湖底土砂のサンプル採集中、当時の上諏町大和、千本木川沖合500m、水深20mの地点に砂礫層の露出を認めて、サンプル採集中、その砂礫の中に多数の石鏃が含まれてい



第1図　埋立前の曽根遺跡の位置（E）
A－茶臼山、B－上の平、C－霧場
D－手長丘。それぞれ先土器文化の遺跡である。

開発から埋蔵文化財守ろう

諏訪湖曽根遺跡と霧ヶ峰御射山祭祀跡

悔いを千載に残すな

考古学関係者ら立ちあがる

古代の創造美を再現

海戸遺跡出土品の復元終わる

資料館造って完全保存望む声も

図45 ● 曽根遺跡の保護を訴える
左：藤森栄一「諏訪湖底曽根遺跡」（『信濃考古』No.24、1968）。
右：『南日日新聞』1968年6月15日。

の遺跡に背を向けて栄一の想いはどんなだったろう」。その年の一二月、六二歳で曽根の狩人たちのもとへ旅立った。

## 2　曽根遺跡発見一〇〇年、そして未来へ

### 曽根は諏訪の文化力の表徴

二〇〇八年、曽根遺跡は発見から一〇〇年をむかえた。諏訪市博物館はそれを記念して特別展「諏訪湖底曽根遺跡の謎」を開催し、橋本福松が発見した二点の石鏃、増澤寅之助が作製した標本、保科五無斎が企画した岩石標本中の石鏃、そして藤森栄一が採集した資料など、地元に保存されている石鏃と各地へ旅立っていた曽根の石鏃を一堂に集めて展示した。見学者はその量と美しさに圧倒されたことだろう。

会期中の一一月一五日には「みんなで曽根遺跡を語ろう」と題した講演会が開催され、曽根遺跡研究会のメンバーのほか、発見者である橋本福松の甥の子の平澤真さん、坪井正五郎の孫の坪井直道さん、増澤寅之助の孫の増澤淳郎さん、そして中学生のときに調査をした戸沢充則らが会して曽根遺跡の意義や未来を語り合った。

戸沢は「曽根は諏訪の文化力の表徴」と題して講演した。考古学は学者や専門家だけで発展するわけはなく、地域に根ざす在野の力は不可欠である。諏訪は地位や名誉あるいは金のためではなく、ただひたすらに学問や研究の向上につくした人びとをたくさん生んだ。その大きな

源泉の一つが曽根だった。中央から多くの学者を招へいし、地方人士が育っていくという循環のなかで諏訪の文化力は高まった。まさに文化力の表徴の曽根である。そして曽根がこれからも「地域の、そして考古学の文化力を高める貴重な宝となる」ことを期待すると、地域力の育成への期待をこめて締めくくった。

また増澤淳郎さんは「祖父の作成したこの標本は、以前から諏訪の地にお返ししたいと思っておりました。ましてこのような諏訪の人たちの熱気に触れて、改めてその思いを強くしました」と言われた。こうして子・孫へと大事に受け継がれてきた増澤寅之助の思いの詰まった標本は、生まれ故郷に帰ってきた。

そして二〇一二年には、曽根遺跡をはじめとする藤森栄一収集の考古資料約六万点が、学術的価値を評価されて国登録有形文化財ともなった。藤森の熱い思いが未来へたしかにつながった。

## 曽根遺跡の未来に向けて

曽根遺跡研究会のメンバーとともに、曽根遺跡にかかわってきた私は、いま、二つの夢をいだいている。

**図46 ● 講演会「みんなで曽根遺跡を語ろう」**
明治大学学長を退いた直後の戸沢充則は、曽根遺跡探究の歴史を振り返り、その意義を熱く語り、多くの聴衆が聴き入った。

一つは、まだ直接の調査がされていない曽根遺跡、その発掘調査の実施である。

藤森栄一は一九六〇年に、「大きなタンクをうめて、ポンプ排水し、たとえ一坪でも、層位」を直接確認できる調査をしようと、日本考古学協会で曽根遺跡発掘調査をおこなう動機を提案しようとしたらしい。しかし、そんな金があれば、陸上で曽根と同じ時期の遺跡をさがして調査したほうが早いという意見があり、動議は撤回したという。

しかし、それからすでに半世紀、曽根遺跡に匹敵するような遺跡は、いまだない。曽根はまだまだ多くの謎に満ちている。遺物を含む包含層、とくに旧石器時代の地層が手つかずに近い状態で残っている可能性がきわめて高い。調査の夢が実現できる日を待ち望みたい。

もう一つの夢は、藤森栄一が『旧石器の狩人』に記した、海を渡った石鏃の所在を明らかにして対面することである。冒頭にふれた、藤森生家で売っていた「諏訪みやげ」を、一〇〇枚も買い求めた人物がいた。フィンランド人宣教師、サオライネン師である。

意識することもなく読み飛ばしていたが、あらためて実在した人物と知って驚いた。キリスト教ルター派の代表的教団ルーテル協会が、一九〇五年に派遣した宣教師たちのなかにサオライネン師がいたのである。帰国は一九一三年七月で、藤森の記述と一致していた。

しかし、その後の足跡はたどれない。現在、この一〇〇枚の「諏訪みやげ」の行方を追跡する手懸かりは乏しいが、いつかみつかることを期待したい。

諏訪市大和地籍に城北小学校がある。眼下に諏訪湖を見下ろし、真下を流れる千本木川は諏訪湖に流れこみ、その先が曽根である。

高度経済成長にともなう諏訪市の人口増加によって一九六五年に創立した新しい学校で、七〇年にできた校歌の作詞を藤森栄一が手がけた。藤森にとっては曽根に近い因縁の地の学校で、意気込みはひとしおであったに違いない。詞の二番に、しっかり曽根が登場する。

茜さす湖　曽根の跡
かおる歴史を　心にきざみ
未来を開く　このふるさとに
われら　ともそう
夢の灯を

曽根は湖底にみえずとも、その名は永遠に語り歌われて、未来を拓く狩人たちに幾多の夢がつながれてゆく。つぎの一〇〇年にむけて、また新たな感動を創る曽根であると期待したい。曽根は諏訪の文化力の象徴、きっと時代の波に翻弄されながらも、人の心に灯をともす源泉となって受け継がれるものと信じたい。

## 参考文献


橋本福松　一九〇九「諏訪湖底より石器を発見す」『東京人類学会雑誌』二七八
坪井正五郎　一九〇九「石器時代杭上住居の跡は我国に存在せざるか」『東京人類学会雑誌』二七八
坪井正五郎　一九〇九「諏訪湖底石器時代遺跡の調査（上）」『東京人類学会雑誌』二七九
鳥居龍蔵　一九二五『有史以前の跡を尋ねて』雄山閣
八幡一郎　一九三五「諏訪湖底『曽根』の石器時代遺跡」『ミネルヴァ』二
金原省吾　一九四七「赤彦先生の追憶　四」『信濃』二―三
戸沢充則　一九四八「曽根遺跡研究」『清陵考古学』創刊号
岩波書店編集部・岩波映画製作所編　一九五七『岩波写真文庫二一七　諏訪湖』岩波書店
藤森栄一　一九六五『旧石器の狩人』学生社
藤森栄一　一九六九『縄文の世界』講談社
藤森栄一　一九七〇『考古学とともに』講談社
藤森みち子　一九七四「はしがき」『藤森栄一遺稿集　考古学・考古学者』学生社
八幡一郎　一九八三「八幡一郎　―古代人に魅せられて―」『来し方の記　⑥』信濃毎日新聞社
奈良県立橿原考古学研究所　二〇〇二『奈良県文化財調査報告書第九一集　桐山和田遺跡』
三上徹也　二〇〇七「諏訪湖底曽根出土　幻の石鏃標本―故・増澤寅之助氏標本の紹介―」『長野県考古学会誌』一二一
萩谷千明　二〇〇八「爪形文系土器」『総覧　縄文土器』UMpromotion
曽根遺跡研究会　二〇〇九『諏訪湖底曽根遺跡研究一〇〇年の記録』長野日報社
片岡正人　二〇〇九「〔書評〕曽根遺跡研究会編『諏訪湖底曽根遺跡研究一〇〇年の記録』」『長野県考古学会誌』一二九
諏訪市博物館　二〇〇九『諏訪市博物館研究紀要3　諏訪湖底にねむる謎の遺跡・曽根』
諏訪市博物館　二〇一一『諏訪地域考古資料　藤森栄一蒐集品目録』
松田真一　二〇一四　シリーズ「遺跡を学ぶ」０９２『奈良大和高原の縄文文化　大川遺跡』新泉社
大工原豊　二〇一四「石鏃の出現について」『岩宿フォーラム二〇一四　シンポジウム石器の変遷と時代の変革　予稿集』岩宿博物館・岩宿フォーラム実行委員会
三上徹也　二〇一五『人猿同祖ナリ・坪井正五郎の真実―コロボックル論とは何であったか―』六一書房
三上徹也　二〇一六「『古今書院』創設者・西春近村出身の橋本福松」『伊那路』六〇―四

## 曽根遺跡

・長野県諏訪市大和諏訪湖底
・交通　ＪＲ中央本線「上諏訪」駅から徒歩10分。

諏訪湖中に温泉が噴出する場所があり、「諏訪湖間欠泉センター」で見ることができて、曽根遺跡はその北西約五〇〇メートルの沖合に位置している。曽根を説明する看板がその建物のすぐ脇にある。

曽根遺跡の看板

## 諏訪市博物館

・諏訪市中洲１７１—２
・電話　０２６６（５２）７０８０
・開館時間　９：00～17：00（入館は16：30まで）
・休館日　月曜（祝日の場合は翌日）、年末年始
・料金　一般３００円、小中学生１５０円
・交通　ＪＲ中央本線「茅野」駅からバス約15分、「上諏訪」駅からバス約30～40分。車で中央高速道諏訪ＩＣより約5分。諏訪大社上社近く

常設展示１・２では、御柱祭に代表される諏訪信仰の発生と変化、諏訪湖を取り巻く自然の中に生きる人々の暮らしぶりを象徴的に展示。藤森栄一の愛用品や蒐集資料、また増澤寅之助標本や藤森採集の曽根遺跡の石鏃も展示している。

諏訪市博物館（藤森栄一コーナー）

## 下諏訪町立 諏訪湖博物館・赤彦記念館

・下諏訪町１０６１６—１１１
・電話　０２６６（２７）１６２７
・開館時間　９：00～１７：00（入館は16：30まで）
・休館日　月曜（祝日の場合は翌日）、祝日の翌日、年末年始
・料金　一般３５０円、子ども１７０円
・交通　ＪＲ中央本線「下諏訪」駅から徒歩約25分。同バス約5分。「上諏訪」駅からバス約7分。

諏訪湖漁業関係や歌人島木赤彦の資料を中心に展示している。歴史展示の中に曽根遺跡の遺物も含まれる。

# 遺跡には感動がある

——シリーズ「遺跡を学ぶ」刊行にあたって——

「遺跡には感動がある」。これが本企画のキーワードです。

あらためていうまでもなく、専門の研究者にとっては遺跡の発掘こそ考古学の基礎をなす基本的な手段です。また、はじめて考古学を学ぶ若い学生や一般の人びとにとって「遺跡は教室」です。

日本考古学では、もうかなり長期間にわたって、発掘・発見ブームが続いています。そして、毎年厖大な数の発掘調査報告書が、主として開発のための事前発掘を担当する埋蔵文化財行政機関や地方自治体などによって刊行されています。そこには専門研究者でさえ完全には把握できないほどの情報や記録が満ちあふれています。しかし、その遺跡の発掘によってどんな学問的成果が得られたのか、その遺跡やそこから出た文化財が古い時代の歴史を知るためにいかなる意義をもつのかなどといった点を、莫大な記述・記録の中から読みとることははなはだ困難です。ましてや、考古学に関心をもつ一般の社会人にとっては、刊行部数が少なく、数があっても高価なその報告書を手にすることすら、ほとんど困難といってよい状況です。

いま日本考古学は過多ともいえる資料と情報量の中で、考古学とはどんな学問か、また遺跡の発掘から何を求め、何を明らかにすべきかといった「哲学」と「指針」が必要な時期にいたっていると認識します。

本企画は「遺跡には感動がある」をキーワードとして、発掘の原点から考古学の本質を問い続ける試みとして、日本考古学が存続する限り、永く継続すべき企画と決意しています。いまや、考古学にすべての人びとの感動を引きつけることが、日本考古学の存立基盤を固めるために、欠かせない努力目標の一つです。必ずや研究者のみならず、多くの市民の共感をいただけるものと信じて疑いません。

二〇〇四年一月

戸沢　充則

著者紹介

三上徹也（みかみ・てつや）

1956年、長野県岡谷市生まれ。

明治大学大学院博士前期課程修了。

現在、長野県富士見高等学校教員。

第10回尖石縄文文化賞受賞。

主な著作　『縄文土偶ガイドブック』新泉社、『諏訪湖底曽根遺跡研究100年の記録』（編著）長野日報社、『人猿同祖ナリ・坪井正五郎の真実』六一書房ほか。

**写真提供（所蔵）**
諏訪市博物館：図1・13・15・19（下）・21・23・29～35・37・41・43・46／東京大学総合研究博物館：図6・7／東京大学大学院情報学環：図8・11・12・14／北海道大学附属図書館：図10／『長野県考古学会誌』57：図18（左）／宮坂信弘：図19（上）／服部久美：図26・29（最下段左端）

**図版出典（一部改変）**
図2：国土地理院1/20万地勢図「長野」「甲府」／図24：藤森栄一1965「考古学的資料よりみた沖積世における諏訪湖の水位変動」『地学雑誌』74-2／図27：②戸沢充則1948、③藤森栄一1968「諏訪湖底曽根遺跡」『信濃考古』No.24／図28（左）：平田貴正・赤木克行・浅野毅1978『曽根遺跡調査報告』（ガリ版）／図40：小口徹1988「曽根遺跡からみた諏訪湖の水位変動」『諏訪郡史研究紀要』諏訪教育会

上記以外は著者
協力：（有）アルケーリサーチ

シリーズ「遺跡を学ぶ」110
**諏訪湖底の狩人たち　曽根《そね》遺跡**

2016年6月15日　第1版第1刷発行

著　者＝三上徹也
発行者＝株式会社 新 泉 社
東京都文京区本郷2−5−12
TEL 03（3815）1662／FAX 03（3815）1422
印刷／三秀舎　製本／榎本製本

ISBN978−4−7877−1540−1　C1021

## シリーズ「遺跡を学ぶ」

### 第1ステージ（各1500円＋税）

04 原始集落を掘る　尖石遺跡　勅使河原彰
07 豊饒の海の縄文文化　曽畑貝塚　木﨑康弘
09 氷河期を生き抜いた狩人　矢出川遺跡　堤　隆
12 北の黒曜石の道　白滝遺跡群　木村英明
14 黒潮を渡った黒曜石　見高段間遺跡　池谷信之
15 縄文のイエとムラの風景　御所野遺跡　高田和徳
17 石にこめた縄文人の祈り　大湯環状列石　秋元信夫
19 縄文の社会構造をのぞく　姥山貝塚　堀越正行
27 南九州に栄えた縄文文化　上野原遺跡　新東晃一
31 日本考古学の原点　大森貝塚　加藤　緑
36 中国山地の縄文文化　帝釈峡遺跡群　河瀬正利
37 縄文文化の起源をさぐる　小瀬ヶ沢・室谷洞窟　小熊博史
41 松島湾の縄文カレンダー　里浜貝塚　会田容弘
45 霞ヶ浦の縄文景観　陸平貝塚　中村哲也
54 縄文人を描いた土器　和台遺跡　新井達哉
62 縄文の漆の里　下宅部遺跡　千葉敏朗
70 縄紋文化のはじまり　上黒岩岩陰遺跡　小林謙一
71 国宝土偶「縄文ビーナス」の誕生　棚畑遺跡　鵜飼幸雄
74 北の縄文人の祭儀場　キウス周堤墓群　大谷敏三
80 房総の縄文大貝塚　西広貝塚　忍澤成視
83 北の縄文鉱山　上岩川遺跡群　吉川耕太郎
87 北陸の縄文世界　御経塚遺跡　布尾和史
89 狩猟採集民のコスモロジー　神子柴遺跡　堤　隆
92 奈良大和高原の縄文文化　大川遺跡　松田真一
97 北の自然を生きた縄文人　北黄金貝塚　青野友哉
別01 黒耀石の原産地を探る　鷹山遺跡群　黒耀石体験ミュージアム
別03 ビジュアル版縄文時代ガイドブック　勅使河原彰

### 第2ステージ（各1600円＋税）

107 琵琶湖に眠る縄文文化　粟津湖底遺跡　瀬口眞司